U0742139

跟孔子学做教育

蔡运利◎著

安徽师范大学出版社
ANHUI NORMAL UNIVERSITY PRESS

· 芜湖 ·

图书在版编目(CIP)数据

跟孔子学做教育 / 蔡运利著 . -- 芜湖 : 安徽师范
大学出版社, 2025. 3. -- ISBN 978-7-5676-7059-4

Ⅰ. G40—092.25

中国国家版本馆 CIP 数据核字第 20242F6G46 号

跟孔子学做教育

蔡运利◎著

GEN KONGZI XUE ZUO JIAOYU

责任编辑 : 孔令清　　　　　　责任校对 : 平韵冉

装帧设计 : 王晴晴　冯君君　　责任印制 : 桑国磊

出版发行 : 安徽师范大学出版社

　　　　　芜湖市北京中路2号安徽师范大学赭山校区

网　　　址 : https://press.ahnu.edu.cn

发 行 部 : 0553-3883578　5910327　5910310(传真)

印　　　刷 : 苏州市古得堡数码印刷有限公司

版　　　次 : 2025年3月第1版

印　　　次 : 2025年3月第1次印刷

规　　　格 : 700 mm × 1000 mm　1/16

印　　　张 : 12.75

字　　　数 : 201千字

书　　　号 : 978-7-5676-7059-4

定　　　价 : 38.00元

凡发现图书有质量问题,请与我社联系(联系电话:0553-5910315)

踏着圣人的足迹做教育

吹灭读书灯，一身都是月

我小时候最喜欢听父亲吟诵《论语》。父亲上过几年私塾，当了一辈子村干部，唯一的爱好就是茶余饭后抑扬顿挫地吟诵《论语》。吟诵之后，父亲常常郑重地说："《论语》道德文章，值得一辈子读啊！"当时似懂非懂，直到参加工作，成为教师后，我才真正领悟到父亲意味深长的话，从此真正喜欢上了《论语》。之后，夜读《论语》成为我的必修课，"吹灭读书灯，一身都是月"，也就成为我最向往的境界。夜深，只有月亮陪伴。品一杯香茗，悟圣人教诲，思绪回到两千年前：江清月近人，传道的马车摇摇晃晃，一位孔武有力的儒者目光炯炯，驾车前行；鸡声茅店月，圣人夜宿小店，稍作歇息，就着穿窗而进的月光，抚慰受伤的心灵；人心本无染，第二天又整装出发，只为了那结束纷争、回归尧舜的誓言。

"知其不可而为之"，孔子的这种敬业乐业精神就是我们中华民族最本真的精神，孔子自述"其为人也，发愤忘食，乐以忘忧，不知老之将至云尔"，也正是我们现代人最值得拥有的理想生活。在孔子身上，我认识到：一个教学技艺精湛的老师可以用语言感染孩子，但一个真正的好老师更应该敬业，即用整个身心来关心教育孩子。孔子在教育中生活，在生活中教育。他没有刻意为之，却饱含教育的智慧，更暗合了教育中亘古不变的规律。也就在此时，我暗下决心：一定要踏着圣人的足迹做好农村教育。

梦里千回转，一路是墨香

在市场经济浪潮的冲击下，我们不无忧虑地看到，一些中小学生由于优秀传统文化教育的缺失，拜金主义、享乐主义和极端个人主义似有抬头倾向，孩子们急需优秀传统文化补充钙质。受孔子教育思想启发，曲阜作为圣人故里，很多当地的教育工作者都有一个共同的梦想，那就是通过读经悟经，把孩子们培育成内外兼修的谦谦君子。经过反复论证，我摸索出一套教育模式。

铸造慧心，增强钙质——"旧书不厌百回读，熟读深思子自知"。背诵，让经典烂熟于心，成为学生自身的血肉，以至融入灵魂，促慧心发芽。我采用"敲牛皮糖"的方法。一天背诵1—2则《论语》语录，坚持不辍。学生自我督促检查，周末用半小时时间检查一周的背诵成果。自我反刍，达到"片言可以明百意，坐驰可以役万里"之效，使慧心生根。

行知结合，塑造君子——"纸上得来终觉浅，绝知此事要躬行"。读经是对学生内在精神的一次洗礼，为学生注入"君子"精神。我们要与时俱进，让优秀传统文化融入学生的生活和精神世界。因此，我积极倡导在活动中汲取优秀传统文化的人生智慧。颜子学校是一所富有特色的寄宿制学校，结合学校特色分阶段分层次确立了三个教育主题：七年级，学会生活，以习惯养成为主线，做少年君子；八年级，学会做人，以自律和人格培养为主线，做少年君子；九年级，学会审美，以砥砺志趣和丰富精神内涵为主线，做少年君子。围绕三方面的主题，学校将活动不断向纵深推进。

传统接力，推陈出新——"一语天然万古新，豪华落尽见真淳"。

在教育中，我始终坚持做活的学问，教育学生不失向善之心。箪食瓢饮，只为一缕花香；放下物欲，只为一朵水仙。青年人少重视名利，多追求初心，才能精神自由，创造更多可能。有同事曾对我说："看到蔡老师每天为师生奔走、操心，真的很受感动。蔡老师身上所体现的儒家文化正一点点走进我的心里，我觉得自己要脱胎换骨了。"

这些年，我始终坚持每天夜读悟经，参加山东省国学研修班，并获得优秀学员荣誉称号；坚持每天写读经心得，日积月累，写出"像孔子那样"系列论文，如文章《对新版教材〈《孟子》二章〉的几点质疑》发表在《现代语文（教学研究版）》2009年第14期上，《明月清泉自在怀》获曲阜市2018年"我心目中的孔子"征文比赛一等奖，演讲稿《推己及人》在曲阜电视台播出，文章《鲁迅小说中的隔膜感与孤独感：以〈孔乙己〉为中心》在全国核心期刊《语文教学与研究》2024年第2期上发表。为辅导我校国学研修班学生，我牺牲了很多周末休息时间，搁置了很多家事，老伴对此也颇有微词："你这大把年纪了，周末还在外面辅导学生，分文不取，你图啥？"我图啥？我希望中华优秀传统文化得到传承。所以，我一如既往地给孩子们精讲一句句经典，解答一个个疑惑，乐此不疲。我辅导的经典诵读节目在曲阜市中学生诵读比赛中获一等奖，辅导的学生孔新月、颜冬梅的作品获2018年"我心目中的孔子"征文一等奖。

课改春风来，千树梨花开

课堂教学是教师的主阵地，在做好优秀传统文化教育的同时，我把更多的精力投入教学一线和课改。新课程改革以来，我校部分教师的教学观念还没有真正转变，教学还没有真正体现出学生的主体地位。个别教师思想僵化，缺少高层次的专业引领，必然走不出课堂高耗低效的迷局。要破局，只有进行课改。课改千头万绪，我陷入了迷茫，最终还是《论语》帮助了我。一天，翻开了《论语》，《子路、曾皙、冉有、公西华侍坐》一章中，孔子的教育境界深深吸引了我。"莫春

踏着圣人的足迹做教育

者，春服既成，冠者五六人，童子六七人，浴乎沂，风乎舞雩，咏而归。"多美的教育场景啊！闲适之中带着几分文雅，无为之中又有几分追求。孔子与学生或结伴同游，或席地而论，或谈志向抱负，或述个人情怀。从孔子的"因材施教""不愤不启，不悱不发""独学而无友，则孤陋而寡闻"等教育思想中，我和同事提炼出合作学习、分层教学的教学理念，以"小组合作分层达标校本研究"为题申报了市级课题。

2013年5月，"小组合作分层达标校本研究"作为市"十一五"规划课题正式立项。该课题由校长主持，我全程策划，全体教师共同参与，这是我校有史以来最大规模的课题实验，于是我们意志坚定地踏上了课改之路。课改成功后，我们为青年教师精心打造了"读经悟经用经"专业成长路线图。围绕路线图，学校采取了一系列读书观课晒课活动，促进了我校青年教师学习共同体的形成。第一步：读经，我有一得。青年教师静下心来，把《论语》视为一眼温暖的诊治自己教学失误的"问病泉"。第二步：悟经，我来观课。学校组织青年教师观摩经典课例，结合读经心得，对照经典课例改进教学。第三步：用经，我来晒课。我们引导青年教师知行结合，学以致用，用心找到教育经典和课堂教学的契合点。

教改春风一夜吹开了千万朵梨花，课改把时间权、学习权都还给了学生，使课堂变成了学生的课堂，给学生提供了展示的舞台。学生都能以主人的姿态，参与到小组合作中来，真正去独立思考问题。2015年12月25日，济宁市初中教学工作会议召开，我校在会上展示了"小组合作，分层达标"教学改革的显著成效。近年来，我先后荣获了曲阜市师德标兵、优秀教师、骨干教师、教学能手和教学先进个人，济宁市中小学优秀班主任等荣誉称号。

"莫道桑榆晚，为霞尚满天。"因工作需要，我调到了颜子学校。到了新的工作环境，在领导和同事们的支持下，我的工作焕发了第二春。我始终坚持在教学第一线，连续多年承担九年级毕业班的语文教学工作，被同事们戏称为毕业班"钉子户"。现在，常有人说我离退休还有两三年时间，可以歇歇了。我总是笑着回应他们："忙习惯了，也不觉得累了。"其实是教师的责任心，是当初的那份誓言，让我不敢松懈。

踏着圣人的足迹做教育，是我从教近四十年的梦想，虽路途遥远，千曲万折，却无怨无悔。这本小书见证了我汲取孔子教育智慧从事教学的艰辛而又快乐的历程。现在拿出来结集出版，错误难免，自觉汗颜，敬请方家斧正，不吝赐教。

是为序。

目 录

孔子为师之道

教学改革之路

目
录

孔子为师之道

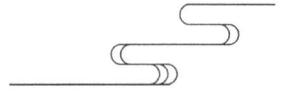

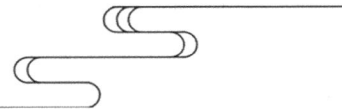

要给孩子"三颗糖"

最近遇上一件让我这个"资深"班主任大伤脑筋、大丢面子的事。

颜子学校是寄宿制学校，我所带的班级有一个叫张伟的"刺儿头"。有一天晚上，他带着七个同学，深更半夜在宿舍办生日宴会，他们又是喝酒，又是唱歌。幸亏生活老师及时发现并制止，要不然不一定会闹出什么事故。第二天一大早，生活老师找我诉苦，政教主任跟我谈话。然后我去"训斥"那几个孩子，他们竟然当面和我顶撞，弄得我焦头烂额，心里压着一股火直往上蹿，真想把他们"胖揍"一顿。就在当时，《论语》中的一句话把我的愤怒之火熄灭了。

最近一段时间，学校开展了"读教育名著·做智慧教师"的主题阅读活动，老师们都在摽着劲读《论语》，我忽然灵感一闪，何不向祖师爷请教呢？于是，我翻开《论语》，其中一则映入眼帘。

> 伯牛有疾，子问之，自牖执其手，曰："亡之命矣夫！斯人也而有斯疾也！斯人也而有斯疾也！"——《论语·雍也》

从孔子悲切的话语中，我们不难发觉孔子对冉伯牛有着非常深厚的师生之情。颜回年纪轻轻就去世了，孔子极为伤心，悲痛欲绝，大哭道："噫！天丧予！天丧予！"其他弟子劝解他不要太过悲恸，孔子曰："有恸乎？非夫人之为恸而谁为？"对于自己的得意弟子冉伯牛的病危，孔子的这种超出常人的悲伤也就显得很正常了。对于自己学生的关切之情无法放下，所以他就从窗户中紧紧抓住冉伯牛的手，说出了这番情真意切而且伤恸欲绝的话。孔子对学生的关爱，使他们师生之间建立了深厚的感情，使孔子获得了一种神奇而巨大的教育力量。孔子对弟子的真诚的强烈的爱，孔子师徒之间的互相信赖和尊重，像闪电一般，让我产生了极大的震动。我真正领悟到，教育其实是一种情感的交流、一种爱的传递，真正的教育存在于人与人心灵距离最短的时刻，而爱就是开启学生心灵大门的钥匙。

由此，我又想到陶行知"三颗糖"的教育佳话。据说陶行知当小学校长时，有一次看到一个男生在打另一个男生，当即喝止并令打人的男生放学后到校长室。放学后，学生到校长室，一见面，陶行知就掏出一颗糖说：这是奖励给你的，因为你按时来到了我这里。学生惊异地接过糖。然后，陶行知又掏出一颗糖说："这块糖也是奖励给你的，因为你虽打了人，但能接受批评，立即停手，这很好。"最后，陶行知又掏出第三颗糖，说："我调查过了，你打那位男生，是因为他欺负女生。这说明你能伸张正义，主持公道，很可贵。"从此案例中，我们发现，陶行知先生处理问题时没有使用任何的批评性语言，而是采用了表扬的方式。后来那个男生流着泪向陶行知先生认错："陶校长，我错了，我不该动手打人，他毕竟是我的同学！"再后来，这个学生成了品学兼优的好学生。对于学生的小过错不罚反"奖"，有时候能收获意想不到的成果。在很多时候，学生并不是对错不分，而是不能做到从心底认识并承认自己的错误。"三颗糖"的故事，传递的信息是教师对学生的尊重、宽容，以及教师对学生知错改过的殷殷期盼。做了错事反而受到奖励，这样的教育形式更容易引起学生内心深处的思想交锋，使他们能够主动检讨自己的问题。而教师面对犯错误的学生时，可以尝试找到他们的闪光点。

古今教育经典的对接撞出了火花，灵感一闪：教师应该像陶行知那样，给每个犯错的孩子三颗糖。

第一颗糖：给犯错的孩子一颗宽容之心

孔子常怀宽容之心，虽子路经常顶撞孔子，但孔子内心对他爱护有加。苏霍姆林斯基说，有时宽容引起的道德震动比惩罚强烈。青少年年龄小、阅历浅，认识事物不够全面，思想上会犯糊涂，行为上也会偏激、冲动。比如，有些孩子认为同学聚在一起过生日，不送礼物就没有面子，不喝点小酒就显得不够兄弟。教师如果不分青红皂白地直接批评，他们往往会产生抵触情绪，起不到应有的教育效果。对违反纪律的学生，教师应从"宽容"做起，讲究工作方法，除了在学习和生活上格外关心他们，更重要的是给予他们信任和尊重，对其晓之以理，动之以情，导之以行。

我把孩子叫进办公室，给他们第一颗糖：宽容。首先，我既没有说请家长，也没有骂孩子，只是严肃地指出他们的错误行为：一是在深夜举办生日会，严重影响了其他同学的休息；二是学生喝酒违反了《中小学生行为准则》；三是买了很多东西，扔得到处都是，有点铺张浪费。然后，宣布"惩戒"措施：一是在班会上为这位同学补过一次生日；二是要求他们组成一个调查小组，以"中学生过生日铺张浪费现象及其危害"为题，写一篇调查报告，两周内完成。"惩戒"教育就是要晓之以理，动之以情。这一次，面对学生的错误，我没有大动肝火，而是不急不躁，条理清楚地分析、指明学生的错误，处理问题入情入理，学生心服口服。

第二颗糖：寻找每个犯错的孩子身上的闪光点

孔子有一双慧眼，他善于观察学生，并抓住学生身上的闪光点，且从不吝惜赞扬自己的学生。他称赞学生，"由也果，赐也达，求也艺"；他夸奖子贡能举一反三，"始可与言《诗》已矣，告诸往而知来者"；他肯定颜回的安贫乐学，"一箪食，一瓢饮，在陋巷，人不堪其忧，回也不改其乐。贤哉回也"；他对学生的成才寄予厚望，认为"后生可畏，焉知来者之不如今也"。

对照孔子对学生的衷心赞美，我们要反省自问：常犯错的孩子身上真的一无是处吗？显然不是。只是我们缺乏对孩子的关心，没有认真观察他们。美国心理学家威谱·詹姆斯说过，人性最深刻的原则就是希望别人对自己加以赏识。一些心理脆弱、敏感、自卑的学生更是如此。作为教师，我们要有一双慧眼，善于从学生身上了解他们的志趣和个性特征，观察他们时隐时现的闪光点；更要有一颗匠心，走进他们的心灵，和他们的心跳形成和谐的节拍，与他们产生共鸣。教师的思想工作，要少一分"理"，多一分"情"，添一分"趣"，进而点燃学生信念的火种，使之燃烧为熊熊之火。由此，我深深地认识到，正确处理学生所犯的错误，对学生的健康成长是多么重要。

于是，我试着像孔子那样尝试发现孩子们身上的闪光点：他们重感情，讲义气，有责任心。我让犯错的同学写调查报告，意在增强他们的责任意识，而使用这种宽容的人性化"惩戒"，达到了"刚柔并济"之效。我让孩子们在班会上为犯错的同学补过生日、唱生日歌，这样不仅可以正确引导孩子们，给犯错的同学施以人性化的关怀和宽容，还加深了师生、生生之间的感情，同时使学生意识到：真正的友情不是花钱能买到的，也不是喝酒喝出来的。只有付出真诚，才会收获真正的友谊。

第三颗糖：给予犯错孩子应有的尊严和有效的惩罚

孔子给予颜回信任，不随意怀疑他，但是他也指出了颜回唯唯诺诺的性格。智慧的教育绝不排斥严厉的批评和责罚，但惩戒的出发点是促进孩子的身心健康。"惩者，以正其心也"，故教育的本质就是"正其心"。惩戒的原则是尊重学生人格，所以无论采取什么方式，都要最大限度地规避惩戒的副作用，在惩戒中加入激励的元素。

两周后，七位同学把调查报告交给我。报告写得面面俱到，既有实际案例，又有数据分析。同学过生日这件事，真是不调查不知道，一调查吓一跳。现在有些同学过生日攀比，比着花钱，比着送精美礼物，比着上高档饭店，以致债台高筑，甚至有人铤而走险，入室盗窃。后来，在班会上，这七位同学认真地做检讨，承诺以后再也不犯这种错误了，希望大家引以为戒，随时监督。调查报告不仅给全班同学上了一堂深刻的人生之课，也锻炼了这七位同学的调查能力，达到一箭双雕之效。

处理班级发生的这种小事件，既是孩子自我教育的过程，也是教师收获教育智慧的过程。由此，我深深地体会到：教育经典著作《论语》，真是常读常新，可以从中不断地汲取教的智慧、爱的能力。正所谓鹅卵石臻于完美，不是锤的打击，而是水的载歌载舞。其实，这三颗糖，合三为一，就是我们对孩子的一颗爱心。有爱，才会有宽容，才能发现孩子们身上的闪光点，才能保护他们的自尊，让他们身心健康成长。

孔子为师之道

孔夫子的师生情谊

子路、曾皙、冉有、公西华侍坐。

子曰:"以吾一日长乎尔,毋吾以也。居则曰:'不吾知也。'如或知尔,则何以哉?"

子路率尔而对曰:"千乘之国,摄乎大国之间,加之以师旅,因之以饥馑;由也为之,比及三年,可使有勇,且知方也。"

夫子哂之。

"求!尔何如?"

对曰:"方六七十,如五六十,求也为之,比及三年,可使足民。如其礼乐,以俟君子。"

"赤!尔何如?"

对曰:"非曰能之,愿学焉。宗庙之事,如会同,端章甫,愿为小相焉。"

"点!尔何如?"

鼓瑟希,铿尔,舍瑟而作,对曰:"异乎三子者之撰。"

子曰:"何伤乎?亦各言其志也。"

曰:"莫春者,春服既成,冠者五六人,童子六七人,浴乎沂,风乎舞雩,咏而归。"

夫子喟然叹曰:"吾与点也!"

三子者出，曾皙后。曾皙曰："夫三子者之言何如？"

子曰："亦各言其志也已矣。"

曰："夫子何哂由也？"

曰："为国以礼，其言不让，是故哂之。唯求则非邦也与？安见方六七十如五六十而非邦也者？唯赤则非邦也与？宗庙会同，非诸侯而何？赤也为之小，孰能为之大？"

《子路、曾皙、冉有、公西华侍坐》是《论语·先进》中的一篇，主要围绕孔子问志展开，弟子述志，孔子评志。四位弟子性格、才能各异，但在孔子的启发下都能畅所欲言，谈论自己的志向。

尽管只是简单描述了一个教学场景，但孔子睿智、宽厚、大度、循循善诱的蔼然长者形象却跃然纸上。这堂2500多年前的课，也让我们窥见了孔子为人称道的教学艺术。

一、民主宽松的氛围

据说上这堂课时孔子已经60岁了，此时的他历经颠沛流离仍矢志不移，宣传自己的政治主张，著书立说，教书育人，可谓学识渊博，洞明世事，已然到了"六十而耳顺"的境界。所以，当四个弟子围坐在他身旁的时候，他便这样发问："以吾一日长乎尔，毋吾以也。居则曰：'不吾知也。'如或知尔，则何以哉？"这句话的意思是：不要因为我年龄比你们大一点，你们就不敢说话了。平日里你们常说，没有人了解你们，现在如果有人想了解你们，那你们有什么想法呢？

孔子当时很受鲁国执政者的尊重，常有人向孔子请教治国之道，他们也知道孔子有很多贤能的弟子，便想从中选拔人才，予以重用。所以孔子提出这样的问题，以便向别人推荐他的学生。孔子当时已经60岁了，子路51岁，曾皙39岁，冉有31岁，公西华只有18岁，可谓祖孙三代，年龄相差较大。而古代非常重视礼仪，讲究长幼有序，所以孔子先打消他们的顾虑，让他们敞开心扉，畅所欲言。

从文中可以看到，孔子在让曾晳回答问题时，曾晳正在弹琴，"鼓瑟希，铿尔，舍瑟而作，对曰：'异乎三子者之撰'"。上课时可以弹琴，说明孔子当时的教学氛围是自由的，轻松的。在杏树下，吹着风儿，听着悠扬的琴音，师生一起畅谈治国安邦之道，该是何等美妙！

这些年，我听过不少特级教师的课，发现他们的课堂都有一个共同点，那就是注重创设一个相对宽松、和谐的教学环境，让学生可以全身心地投入，毫无顾虑地发表自己的看法。

二、循循善诱的启发

孔子打消了弟子的顾虑之后，接着发问，如果有人想要了解他们，重用他们，他们有什么打算？孔子前期的铺垫起了作用，此时话音刚落，子路已按捺不住，抢先发言了，洋洋得意地大谈自己的治国之道。虽说子路是个鲁莽、直率的人，但他年龄和老师最接近，跟随老师时间最长，关系也最亲密，所以他回答完之后，孔子的其他弟子就有些沉默了。孔子看出端倪，继续和颜悦色地启发他们谈自己的看法。春风中吹来温厚、柔和的声音："求！尔何如？""赤！尔何如？""点！尔何如？"几位弟子再也没有了顾虑，相继发言，畅谈自己的治国理想。

孔子是启发式教学的开创者，他主张"不愤不启，不悱不发"，强调教师的启发要适时、适度，不能代替学生思考、学习，要善于调动学生学习的积极性，发挥学生的主动性，才能真正促进其智力、思维的发展。所以，作为教师，我们不能越俎代庖，要让马儿学会奔跑，让羊儿自由吃草。

三、恰如其分的评价

孔子对其中三人的志向都是肯定的，但对子路的回答是"哂之"，这里并非认为他的政治主张不对，而是微讽"其言不让"，太鲁莽，一点都不谦虚。在孔子看来，"由也，千乘之国，可使治其赋也"（《论语·公冶长》）。子路可以管理一个千乘之国的军事，但让百姓个个有礼仪修养，他做不到，所以"哂之"。对于冉求，他认为"求也，千室之邑，百乘之家，可使为之宰也"。冉求有能力治理一个这样的小国，可他却说"方六七十，如五六十，求也为之，比及三年，可使足民。如其礼乐，以俟君子"。这句话是说，他只能让百姓富足，而礼乐教化，却要等待君子来修明。在孔子看来，冉求完全有能力修明礼乐教化，所以他又太谦虚了，为他感到可惜。"赤也，束带立于朝，可使与宾客言也。"仪表堂堂、才华横溢的公西华，完全可以做一个出色的外交官，可他却说只能在一些祭祀、朝拜等仪式上做一个小主持人，所以也是大材小用了。

曾皙最后一个回答，好像他谈的并非什么治国安邦的理想，而是一幅惠风和畅的游春图，然而，孔子却说"吾与点也"，发出由衷的感喟。这又是为何？

那么孔子的理想到底是什么呢？孔子曾谈到他的志向，"老者安之，朋友信之，少者怀之"。这句话是说，让老年人得到安抚，朋友之间相互信任，年轻人得到关怀，社会安定，天下太平，人人过着幸福、美好的生活。而曾皙所描绘的那幅惠风和畅的游春图不正是孔子这种理想境界的生动写照吗？所以，曾皙看似未谈治国之策，实际上他所描绘的是更雄伟的志向、更高远的境界。子路等人所描绘的只是一个方面，而曾皙所描绘的却是一个大同世界，且暗合孔子之意，所以孔子禁不住由衷地发出赞叹。

作为一名老师，需对学生的回答做出恰当的判断。在这一点上，孔子十分高明。他认可每一位弟子，并对他们做出恰如其分的评价。他没有赞许豪气冲天的子路，反而微微一笑，略带一点讥讽的味道，对过于谦虚的冉求和公西华也未置可否，对不谈国事只谈春游的曾皙却由衷赞赏。

我们在教育教学中也要适度、恰当地对学生做出评价。对学生的不足，要委婉地指出；对学生的长处，要积极地认可，做出客观公正的评价。现在提倡赏识教育，有些教师对学生的优点大加赞赏，对学

孔子为师之道

生的问题却视而不见，这样对学生的成长也是不利的。赏识教育是根据人性中最本质的需求——渴望得到赏识、尊重、理解和爱而产生的教育，是充满人情味、富有生命力的教育。但一味地赏识，面对学生出现的一些问题，不能及时准确地指出并纠正，也是不利于学生的发展的。因此，教师要秉承客观的态度，充分认识和了解学生，引导学生树立正确的人生观和价值观，才能真正促进学生健康成长。

拥抱教育智慧

做人需要智慧，育人更需要智慧。相信每一位教育者，都能从《论语》中汲取教育教学智慧。阅读《论语》，是净化心灵的修身之旅；参悟《论语》，更是与先圣进行思想的碰撞交流。从《论语》出发，走进孔子教育的内涵深处，领悟教育教学之道，你就会发现自己拥有取之不尽、用之不竭的智慧之源。下面让我们走进《论语》，来一次汲取教育智慧的纸上行旅吧！

一、热爱学生——教师必备的大智慧

伯牛有疾，子问之，自牖执其手，曰："亡之命矣夫！斯人也而有斯疾也！斯人也而有斯疾也！"——《论语·雍也》

子曰："有教无类。"孔子堪称热爱学生的典范。他对学生思想品德、专业才能以及日常生活无不关怀备至。他关心学生志向，关心学生出路，关心学生的学业进步；学生家中有困难，他设法给予帮助；学生生病不能上课，他亲自探望；学生不幸早亡，他悲痛欲绝。更可贵的是，孔子对待每一个学生都一视同仁。以爱博得爱，他也赢得了学生的信赖与爱戴。孔子去世后，弟子们以对待自己父亲的礼仪对待孔子，在他的墓旁结庐而居，守丧三年。

这让我想起曾经收到的一张贺卡，让我感触颇深的不是贺卡的精美，而是上面的文字。

敬爱的老师：

您好！

时间一分一秒地过去，这意味着这一学期将要结束了，我很想知道，我在您的脑海中留下怎样的印象。元旦将至，我想对您说声"元旦快乐"。其实，我想跟您谈谈我的学习。我的学习成绩一直不太好，我也想提高我的学习成绩，但是不知道怎么提高，特别需要老师的帮助，请老师指导我。老师的关怀和照顾，让我更爱学习，更想好好地学习，因为我的脑子很笨，所以上什么课的时候我都认真地听课，可是做作业的时候就是不知道怎么做……

送贺卡的不是备受关注的学生，而是一位容易被忽略的学困生。该学生羞涩地把贺卡放在我的手里，又羞涩地离去。当我看到有些标点都写错了但句句恳切的文字时，我突然觉得有些心虚，我对她的关注和关心多不多、够不够？这让我意识到，学困生更需要被关注，更需要被认同，更需要被爱。我对自己说，今后的工作中一定要更多地关注学困生：课堂上，把更多的目光投给学困生，让他们找回自信；课堂下，把更多的身影留给学困生，让他们懂得有付出就会有回报。我是这样想的，也是这样做的。还有很重要的一点，就是做好学困生家访工作。我们应该了解学困生的家庭情况，及时向家长介绍学生在学校的表现，和家长共同商量教育学生的办法。因此，只要拥有热爱学生的一颗心，我们就拥有了做好教师的大智慧。

二、忠实诚信——教师让学生信服的智慧

> 子曰："君子不重，则不威；学则不固。主忠信，无友不如己者。过，则勿惮改。"——《论语·学而》

孔子说："君子不庄重就没有威严，即使学习，所学也不会巩固。侍君要以忠实和诚信为主。不交不如自己的朋友，有了错误就不怕改正。"读到这句话时，我想到了老师和学生的关系。现在提倡素质教育，提倡师生平等，要互相尊重。然而，师生发生冲突的事情时有发生。那么，到底如何让学生从心底尊重老师，如何让学生亲其师信其道，如何建立平等和谐的师生关系？学高为师，身正为范，教师个人修养显得尤为重要。"君子不重，则不威"，教师难道不是这样吗？在提倡素质教育的今天，学生主体、教师主导的理念已经流传开来，学生的自我意识不断增强，教师应及时转变思想，着力构建和谐的师生关系。记得有一天早晨，课代表把读书笔记收了上来，因为一些事情，我没有及时批改，当天下午没有发。第二天，课代表过来抱读书笔记，发现又没批改，便低着头，小声嘟噜着："今天又没批改，已经连续两次没批改了，下次肯定没人交了。"听到学生这样说，我赶紧放下手头的工作，开始批改作业。是啊，我已经不止一次地失信于学生了，不能及时批改作业，学生就找到了不交作业的理由。教师教育学生要讲诚信，自己做到了吗？教师要求学生尊重教师，自己做到了吗？那次事件之后，我便经常提醒自己有作业必须按时批改。

人无信不立，教师应为学生树立诚信的榜样。人无完人，教师也应"过，则勿惮改"。我想到了课堂上的一件小事。记得有一次，我在黑板上板书时不小心把"魅力"写成了"魅丽"。写完之后，我讲了一会儿课才发现这个错误。当时我就想，难道没一个学生发现这个问题吗？于是便问学生，有的学生说没发现，有的学生给我的答案是发现

了，不敢说。为什么不敢说？学生回答说怕挨批评。我听了无奈地笑了。学生为什么会认为我会批评他们？课后，我一直在思考这个问题。或许是因为，在学生的思想中，教师批评学生理所当然、天经地义，而学生批评老师还是鲜有所闻。但是，作为教师，我们要深刻地意识到，教师能够严厉地批评学生学习中的错误，也应该虚心地接受学生的指正。只有这样，学生才会亲其师，才能信其道。因此，教师的人格魅力，会影响学生对教师的态度，也会影响他们的人生。

三、感悟反思——教师迅速成长的智慧

子曰："见贤思齐焉，见不贤而内自省也。"——《论语·里仁》

这是《论语·里仁》中的一句话，是论述个人修养的，意思是见到贤人，就想向他看齐；见到不贤的人，就要自我反省。每当读到这句话时，我都会自我反省一番：工作中，同事们的哪些好品质、好习惯，我还没有学习到？我自身还有哪些不足？"为人谋而不忠乎？与朋友交而不信乎？传不习乎？"（《论语·学而》）"三人行，必有我师焉。"（《论语·述而》）此刻，我就是一个学生。反思是个人修养的重要组成部分，也是《论语》的重要思想之一。

作为一名教师，应该学会反思。教师面对的是学生，是一个个崭新的生命体。他们年少的成长经历将决定他们一生的人生走向，具有不可逆转性。因此，教师应该尽可能地把握好教育教学规律，及时反思，及时总结经验，以便更好地开展教育教学工作。刚参加工作时，学校往往要求新教师写各种反思材料。那时我觉得这是形式主义，没什么好写的，只是应付。但工作时间一长，教育教学中开始出现这样那样的问题，甚至有时觉得课都不会上了。后来，我请教了一个有经验的老师。他告诉我，工作中要学会总结，学会反思，及时吸取教训，总结经验，才能不断成长。于是，我开始试着反思我的教学，写反思

笔记。和同事交往，我会反观自己，写师德反思，在模范教师的身上找到努力的方向；多和学生接触，从他们身上找到闪光点，找到问题转化的突破口；每上完一节课，及时反思，写教后感；每解决一个问题，写班主任工作反思，写教育叙事；等等。常常自我反思，不仅能让我及时发现自己工作中的不足，还可以总结经验，促进下一步工作的开展。

《论语》作为一部经典著作，更像是一部充满教育智慧的教科书。我们要从中汲取孔子的教育智慧，学做一个有根的人，一个有智慧的人，一个有担当的人。这样，我们的人生才会演绎得更精彩，才能更好地让孩子们沐浴在中华圣贤智慧的阳光下，健康、茁壮成长。现在，让我们敞开心扉，去拥抱孔子的教育智慧吧！我相信，有了孔子教育思想的指引，我们的头脑中定会充满智慧，面朝大海，春暖花开。

孔子为师之道

做有温度的教育

我的心里压着一团烈火，紧紧地盯着眼前蹲在地上的孩子，感觉自己就像一个法官："说吧，根据班规，如何惩罚你？"孩子扬了扬头，撇了撇嘴，懒洋洋地说："打我几下吧，再打扫一周的卫生！"他挑衅似的看着我："行不？"听他这样说，我的肺都要气炸了，刚要举起手，但控制住了自己，于是对孩子挥挥手，示意他离开。孩子转身出了办公室，紧接着过道里传来了他放肆的欢笑声。

错了罚，罚了再错……我已经记不清这样处理过几个学生了。刚当班主任时，我也是满腔热忱，满怀信心，班规制定得最齐全，班里惩罚措施也很严厉，我也以身作则，总以为可以把自己带的班级管理得最好。然而，为什么还是这样？

我强迫自己冷静下来，细细反思，忽然灵感一闪，为何不向孔子老人家请教呢？孔子是一位伟大的教育家，他那里一定有我现在急需的教育智慧。翻开学校下发的学习材料《学学孔子怎样当教师》，一行字映入我的眼帘："子曰：'道之以政，齐之以刑，民免而无耻；道之以德，齐之以礼，有耻且格。'"（《论语·为政》）心一动，我陷入了沉思……

政、刑、德、礼，都是规范人的行为的，但规范的结果不同：政、刑的结果是"民免而无耻"，最终避免不了错误重犯；德、礼的结果是

"有耻且格"，从根本上避免了错误重犯。这虽然是孔子对施政者的教导，但对学校教育不也有借鉴意义吗？

"道之以政，齐之以刑"，即以行政命令来引导，以具有惩罚性的规则（刑罚）来约束。这似乎做到了公正，但这种管理是冷冰冰的，缺少教育的灵魂——爱。因为教育的对象是一群还没有长大的孩子，所以这种管理只会使学生日趋冷漠。他们犯错了，只知道违反的是班规校纪，却不能从心里意识到这种错误对他人、对集体的危害，因而犯了错往往没有羞耻感，没有愧疚感，震撼不了心灵。即使当时因为害怕惩罚不再犯错，但过一段时间后，只要有足够的诱惑，他们还会再犯。因此，教师要"道之以德，齐之以礼"，即以高尚的品德来引导，以非惩罚性的"礼"来约束，以心灵温暖心灵，尊重学生的人格，激发学生本身所具有的善良天性。这样的教育就是——有温度的教育。

想到这里，我真正认识到：以前把学生叫进办公室，让他们罚站，这是对学生人格的不尊重，是缺乏爱的表现。学生犯了错，只问该怎么惩罚，没有用"仁"来温暖学生心灵，以致老师的心和学生的心都如"政、刑"一般冷冰冰的，这种没有温度的教育怎么会成功呢？那么，怎样用"有温度的教育"来教育孩子呢？

一、"有温度的教育"首先是宽容的教育

"有温度的教育"首先是宽容的教育。教师要摆正心态，正视孩子犯错。十年树木，百年树人。正确认识孩子成长中所出现的问题，对教师来说，是一种智慧。教师要把教育孩子的眼光放长远，不要太纠结于孩子所犯的一个个小错误。孩子犯错很正常，我们要允许甚至乐于看到孩子们犯错。错误会让他们吃苦头、长记性，有时候恰恰是出错才会有进步，才会有成长。所以，当孩子犯错时，教师应站在他们的角度理性地分析犯错的原因，充分考虑教育效果，不必气急败坏，而要把它看作一次教育孩子的机会。

二、"有温度的教育"还应该是因人施教的教育

孩子犯了错误后，教师如何引导孩子认错很重要，相关教育方法可分成两种类型。孩子如果犯的是生活中的一些小错误，而这些小错误是由好奇、求知、贪玩等方面的因素造成的，例如不小心摔坏东西、上课偶尔开小差、忘带学习用具等，那么教师就没必要深究，只要让他明白，需要承受自己犯错的后果就行了。但是，如果孩子犯的是原则性的错误，例如撒谎、偷窃等，教师就一定要让他知道，那是不允许的，是要接受惩罚的，无论老师还是其他人，都不会包容他的这种错误行为。

教师要持平和心态，跟孩子讲清道理，力求"晓之以理，动之以情"。教育就是让孩子在一次次犯错认错后，慢慢树立正确的人生观、价值观。实施"有温度的教育"就是要牢记尊重学生的人格，以心灵温暖心灵。

教育要以师之"德"引导学生行为，以师之"仁"来润泽学生心灵。孟子亦有言："仁者爱人，有礼者敬人。"教师在教育学生的过程中，要有一颗仁爱之心，用爱心之火点燃学生的爱心；要像对待荷叶上的露珠一样，小心翼翼地呵护学生幼小的心灵。

三、"有温度的教育"更应是富有指导性的教育

实施有温度的教育就是帮助学生树立正确的价值观，让他们知耻而后改。"礼"和"刑"都属于规则，它们的不同点之一是，"礼"是调和人与人之间关系的。子曰"礼之用，和为贵"，强调的是和谐，是对符合礼的要求的赞美，对不符合礼的要求的批评。如"小子鸣鼓而攻之""见不贤而内自省也"，不强调肉体惩罚，而注重培养人的羞耻心。托·卡莱尔说过，羞耻心是所有品德的源泉。同时，苏霍姆林斯基认为，只有在有良心和羞耻心的良好基础上，人的心灵中才会产生

良知。良心，就是无数次发展为体验、感受的知识，正是在它的影响下，必然会派生羞耻心、责任心和事业心。

多数情况下，学生犯了错，教师会采取批评教育为主的方式，如训斥、写检讨、罚扫地、罚抄书等，但这种一厢情愿的教育方式往往是收效甚微的。教师的单向教育属于对学生错误的外部惩戒，可能给学生造成这样的想法：虽然我犯了错误，但已经被老师批评了，因此也就洗刷了自己的错误。甚至在接受教育后，一些学生不但不去发自内心地吸取经验教训，还会产生一种如释重负的感觉。

上述三点合一，即"有温度的教育"应该是充满爱心的教育。著名教育家苏霍姆林斯基说过，爱是教育的灵魂，只有融入了爱的教育才是真正的教育。没有爱，就没有教育。因此，热爱孩子是教师生活中最主要的东西。

给每个孩子注入君子精神

在弥漫着欢庆西方节日的氛围里，我读完《论语》最后一页，凝视着静静地躺在书桌上的《论语》，脑海中挥之不去的竟是校园门口商贩叫卖的包装精致、价格不菲的"平安果"，以及手拿"平安果"、欢呼跳跃的孩子们的身影。此时，孔子无语，却目光如炬，透过现代人忙忙碌碌的身影，洞穿当今有些盲目媚外的浮躁；《论语》无声，却能穿越时光隧道，以它对君子的精辟论述，指引我们要尽快给孩子们注入君子精神，建立起中华传统文化的自觉、自信和自强。

一、为每个孩子注入"俭""静"的君子精神，引导他们用正确的幸福观去指导生活，享受生活

"君子"是孔子心中理想的人格标准，手中这部一万多字的《论语》，"君子"这个词就出现了百余次。因此，从某种程度上看，《论语》也可以说是一部教人如何做君子的书。君不见，浅文化、俗文化泛滥，武侠小说、言情故事成灾，让青少年迷恋不已，一些孩子为寻求视觉、精神刺激，把很多时间放在了虚拟世界里。君不见，不少孩子吃的是西方快餐，看的是国外动画片，过的是洋节，以至于忘了中国特有的文化传统。君不见，有些学生消费奢侈化倾向，要穿名牌、喝饮料、带手机，比起花钱缩手缩脚的家长，他们出手不凡。君又不

见，奢侈的消费方式，让部分学生养成了好吃懒做、贪图享受的坏习惯，丧失了克服困难的信心和勇气，有些孩子甚至为了满足无休止的欲望走上犯罪道路。因此，如何让学生用正确的幸福观去指导生活，在平淡的生活中享受生活，在有些浮躁的社会里找到自我，是教育的当务之急。

"静以修身，俭以养德"，为每个孩子注入"俭""静"的君子精神，是行之有效、屡试不爽的办法。子曰："君子食无求饱，居无求安。敏于事而慎于言，就有道而正焉，可谓好学也已。"（《论语·学而》）这是孔子对于君子的道德要求。他认为，一个有道德的人，不应当过多地讲究自己的饮食与居处，在工作方面应当勤劳敏捷，谨慎小心，而且能经常检讨自己，请有道德的人对自己的言行加以匡正。作为君子应该克制追求物质享受的欲望，把注意力放在塑造自己道德品质方面。

我们也可以从孔子、颜子的幸福观进一步得到验证。子曰："饭疏食饮水，曲肱而枕之，乐亦在其中矣。不义而富且贵，于我如浮云。"（《论语·述而》）子曰："贤哉，回也！一箪食，一瓢饮，在陋巷，人不堪其忧，回也不改其乐。贤哉，回也！"（《论语·雍也》）因此，教师要引导学生反思自己的一言一行，为他们注入"俭""静"的君子精神，让他们学会修善自身、淳养品德。

二、给每个孩子注入"仁""孝"的君子精神，辅以"礼"的外在形式，塑造他们文质彬彬的形象

有这样一个"如坐春风"的故事：他出身书香门第，从小受到良好的家庭教育。追随他三十余年的门生刘立之常跟朋友说："与老师相处这么久，从来没见他发过火、动过怒，一般人很难有这种修养。"他的门人朱光庭曾在汝州拜见他，一个月后回来，家里人问他："先生待你如何？"他愉快地说："光庭宛如在春风中坐了一个月。"

这位君子就是宋代大儒程颢。从这个故事中我们可以看出，程颢拥有那种"文质彬彬"的君子形象。子曰："质胜文则野，文胜质则

史。文质彬彬，然后君子。"（《论语·雍也》）这句话是说，一个人只有质朴和文采配合恰当，才是君子。这也恰恰说明了文与质既对立又统一的关系，两者既相互依存又不可分离。

关于君子的形象，孔子有着更鲜明、更形象、更深刻的论述。子曰："君子义以为质，礼以行之，孙以出之，信以成之。君子哉！"（《论语·卫灵公》）君子以仁义为本，要有一颗仁爱的心，爱所有人。这是君子的思想基础，也是君子内在的品质。这种内在的品质，表现在外在的行动上：一是礼以行之，遵纪守法，讲礼貌；二是孙以出之，对人谦虚、逊让；三是信以成之，讲诚信。有了内在的优秀品质，又呈现出外在的文雅表现，这就是君子。儒家把君子的内在仁爱思想称为"质"，把君子的外在表现礼、逊、信称为"文"。所以，君子不但要有内在的"质"，还要有外在的"文"，即"文""质"兼备。

随着社会物质文明的进步，有些同学娇生惯养，认为从父母那里得到的一切都是理所当然，逐渐缺失对父母应有的感恩之心。子曰："孝悌也者，其为仁之本与！"（《论语·学而》）所以，教师要让学生记住：孝顺父母、友爱兄弟，是仁义的根本。

由此，我们进一步探讨"仁"与"礼"的关系。仁是灵魂，礼是形式，仁要落实到礼上。子曰："克己复礼为仁。一日克己复礼，天下归仁焉。为仁由己，而由仁乎哉？"（《论语·颜渊》）这句话就是最好的证明。如果礼脱离了仁，那么礼的这些形式就毫无意义。这正如孔子所言："人而不仁，如礼何？人而不仁，如乐何？"（《论语·八佾》）

在汶川大地震中用自己的身躯保护学生的张米亚老师，对君子"文质兼备"的形象做了最完美的诠释。我的脑海中深深铭记着他牺牲时的形象：他跪仆在废墟上，双臂紧紧搂着两个孩子，像一只展翅欲飞的雄鹰，最后孩子活下来了，雄鹰却飞向了天堂。他用自己的生命把对学生的爱演绎到极致。因此，塑造学生君子的形象，必须以人格培养为主线，把精神生命的追求放在第一位。

三、给每个孩子注入"服务他人、奉献社会"的君子精神，引导他们在群体发展中寻求自我发展，完成君子形象的升华

2013年10月11日，北京石景山消防支队刘洪魁与刘洪坤主动请缨赶赴火灾现场，参加火灾扑救工作，其间多次深入火场内部侦查，带领攻坚组内攻灭火，后因火势迅速蔓延，不幸壮烈牺牲。"公而忘私""大公无私"，自我牺牲，勇于奉献，曲阜籍英雄刘洪魁用自己的生命谱写了这一光辉篇章。

"老吾老以及人之老，幼吾幼以及人之幼。"关心他人、扶危济困，追求平等、公正，学会服务他人、奉献社会，是儒雅君子的必备素质。孔子曰，"修己以安人""修己以安百姓"（《论语·宪问》）"老者安之，朋友信之，少者怀之"（《论语·公冶长》）。安人、安百姓，是处理群体和个体关系的要求。每一个人既是不同于他人的个体，又是群体的一分子。我们要把自己看作群体的一分子，把自己放在群体之中，把自己融入历史之中，在群体的发展中寻求自己的发展，实现个体的价值。

所以，教师要不断地给孩子注入君子精神，增强孩子中华优秀传统文化的钙质，这样才能给他们颁发传统文化认同的身份证、健康成长的通行证、抵御外来腐朽思想的免疫证，从而让他们承担起"为天地立心，为生民立命，为往圣继绝学，为万世开太平"的崇高使命。

孔子为师之道

做一名智慧型教师

研读完《学学孔子怎样当老师》一书，掩卷深思，受益匪浅。这本书为读者详细陈述了孔子教学的精髓，读完只感觉自己教学的心旅又多了一份坚定和从容，同时也深深地感受到孔子思想的伟大。

一、吾道一以贯之

> 子曰："参乎，吾道一以贯之。"曾子曰："唯。"子出，门人问曰："何谓也？"曾子曰："夫子之道，忠恕而已矣。"
>
> ——《论语·里仁》

这朴素的对话，强调了孔子学说的可贵性。对学生无限的爱，是孔子"诲人不倦"的真正动力。因为爱生如子，所以对家居"陋巷"的颜回、父为"贱人"的仲弓、身为"野人"的子路、穷居劳作的曾参，都视同己出，一视同仁。"国宝"教师霍懋征为什么能取得如此光辉的成就，就是因为他的教学是建立在他对学生深厚的爱上。

由此，我还读出了坚持的可贵。孔子的"道"不是变来变去的，而是一以贯之的。有些老师在教学中经常更换教学方法，以致学生听课时云里雾里。这说明教师应该像孔子一样，在教学的"道"中认准目标，一以贯之，不要随意更换教学方法。孔子有过颠沛流离的日子，也有过失意与惆怅的时光，但是他对教学孜孜不倦的追求，很让人敬仰。所以，教学中，教师要坚持正确的教学理念，不随意动摇，不轻易懈怠。

二、因材施教，有教无类

如果学生成绩好，对所学知识都感兴趣，这固然理想；如果学生只对部分课程感兴趣，也未必是坏事。俗话说，三百六十行，行行出状元。从学校里走出来的有科学家、教育家、工程师，也有军事家、政治家、商界奇才，但大多数是终身默默地奋斗在各行各业一线的普通人。纵观历史，即便是大教育家孔子，其教育效果也不过是弟子三千，而贤者只有七十二人。因此，每个人的学习能力是不同的，有的人学习能力强，有的人学习能力不够强，教师要根据学生的需求和能力因材施教。

孔子针对学生的水平特点，充分发挥其各自的优势特长，培养出了各行人才。"孔门四科"分为德行、言语、政事和文学。孔子认为，颜回能闻一知十，子贡只能闻一知二，宰我、子贡在言语方面突出，冉有、季路在政事方面突出，子游、子夏在文学方面突出。这不就是因材施教的典范吗？颜回"在陋巷，人不堪其忧，回也不改其乐。贤哉，回也"！（《论语·述而》）孔子的这种育人思想培养出了颜回安贫乐道的高尚情操。现在的学校教育，教师一般带两个班，学生学情肯定有差异，所以，教师应该汲取孔子思想，做好分层教学，关注每个学生的学习动态，做到有的放矢。

请关爱每一个孩子吧！因为谁也无法预料，二三十年后，哪个孩子会是最时常想起我们的人。子贡不是孔子最欣赏的学生，但子贡在孔子死后却为孔子守墓六年；孔子一生周游列国，子贡出资巨大，这不正是爱的回报吗？所以，让我们关心、尊重每一个孩子，耐心等候，静待花开。

三、己所不欲，勿施于人

子曰："其身正，不令而行；其身不正，虽令不从。"（《论语·子路》）教师不仅言传，更要身教。身体力行、以身教人，是教师的终身追求。孔子认为教师应加强自身修养，"博学于文，约之以礼"（《论语·颜渊》），即教师应该诚实，言行一致。孔子曰："十有五而志于学，三十而立。"（《论语·为政》）这种以身作则的学习精神给他的学生带来了极强的震撼力，所以学生才会自叹"学习欲罢不能啊"。孔子也常向老子虚心请教，并示范于学生，为学生提供了效法的榜样。

子曰："子不语怪力乱神。"（《论语·述而》）孔子认为不要谈论鬼神，说明孔子看重实际问题，不喜欢空论。著名教育家张伯苓为了教育学生不要抽烟，便把自己多年的抽烟习惯给戒掉了。从这件事中，可窥见"教育学生，首先要教育好自己"的教育理念，更见识到了一位真正的教育家"正人先正己"的风范。

四、见贤思齐，见不贤而内自省

子曰："见贤思齐焉，见不贤而内自省也。"（《论语·里仁》）著名教育学家叶澜说：一个教师写一辈子教案不一定成为名师；如果一个教师写三年教学反思，则有可能成为名师。这些观点都充分说明了时时反省的重要性。

金无足赤，人无完人。任何人都不可能不存在缺点与不足，不可能完美无缺。因此，作为教师，我们要时常反省自己：是不是做到了每日三省吾身？美国学者波斯纳认为：教师的成长＝经验＋反思。可见，写作教学反思是提高教师素质的重要途径之一。反思，是教育科研的本质，更是教师专业发展的关键。不断反思，是教师成长最有效的途径。

五、教学相长

"学而时习之，不亦说乎?"（《论语·学而》）是《论语》的开篇之作。孔子的一生都在不停地"学"，借此当上了教师，获得了快乐。但是，当今一些教师除了忙于应付式的学习，恐怕早已忘了学习的乐趣。那为什么谈到学习就会头痛，也许是因为在上课、改作业都抽不开身的时候，还要奔波于各种各样的教研培训。但是你有没有想过，既然必须坐在那里学习，既然这两个小时只能属于那里，那就应该好好面对，静心听课，争取"听有所值"。

我曾给学生说：老师在教学的同时，自己也在收获着。要想教好学生，教师自己就要不断地学习，这就是所谓的教学相长吧！也有人把孔子对待教学的态度比喻成"孔子式的爱情"，认为孔子把教学当作"恋人"一样看待，并终身坚持一种信念，这种全身心的投入和付出，很是值得我们敬仰和学习。

钱穆先生最杰出的弟子余英时先生关于《论语》的解读路径非常好，他认为，《论语》应该"冷读"，"念一句受用一句，得到一句就是一句"，像梁漱溟先生、陈寅恪先生、吴宓先生那样，做一个"认真读《论语》的人"。

孔子为师之道

推己及人

先给大家讲一个我国古代的历史小故事：

> 春秋时候，有年冬天，齐国下大雪，连下三天三夜还没停。齐景公披件狐腋皮袍，坐在厅堂欣赏雪景，觉得景致新奇，心中盼望再多下几天，就更漂亮了。晏子走近，若有所思地望着翩翩飞舞的大雪。景公一边欣赏自己高档华丽的狐腋皮袍，一边得意地说："下了三天雪，竟然一点都不冷啊，倒是春暖的时候啦！"
>
> 晏子看景公皮袍裹得紧紧的，又在室内，就有意问他："真的不冷吗？"景公得意地点点头。晏子知道景公没理解他的意思，就直爽地说："我听说贤君自己吃饱了就要去想想还有人饿着，自己穿暖了还有人冻着，自己安逸了还有人在累着。可是，你怎么不去想想别人啊！"景公被晏子说得面红耳赤，羞愧地低下头，一句话也答不出来。

故事的主人公晏子是孔子非常佩服和尊敬的贤人。晏子死后，孔子给予他很高的评价，称赞他说："拯救百姓却不自夸，辅助三位齐国君主却不自傲，晏子果真是君子啊。"由此，我想到了孔子的一句名言，子曰："其恕乎！己所不欲，勿施于人。"（《论语·卫灵公》）

孔子在回答子贡有什么可以终身行之的问题时说："那可能就是恕道吧！自己不想要的东西，就不要施加给别人。"它体现了儒家思想体系中极有价值的一个闪光点"推己及人"，以换位方法去替对方考虑并尊重对方意见，这是处世的根本准则。所谓"己所不欲，勿施于人"，从广义上理解就是自己希望怎样生活，就想到别人也会希望怎样生活；自己不愿意别人怎样对待自己，就不要那样对待别人。这是儒家道德修养中用于处理人际关系的重要原则，要求把别人当成自己来看待，从而达到推己及人的目的。

比孔子更早的大禹就是推己及人的先贤。据说，大禹接受治水的任务时，刚刚和涂山氏的一个姑娘结婚。当他想到有人被水淹死时，心里就像自己的亲人被淹死一样痛苦、不安，于是他告别了心爱的妻子，率领着治水群众，夜以继日地进行疏导洪水的工作，留下了"三过家门而不入"的佳话。经过十三年的奋战，他们疏通了九条大河，使洪水流入了大海，消除了水患，完成了流芳千古的伟大业绩。

下面有段对话，与"大禹治水"的崇高境界正相反。

战国时候，有个叫白圭的人，跟孟子谈起这件事，他夸口说："如果让我来治水，一定能比禹做得更好。只要我把河道疏通，让洪水流到邻近的国家去就行了，那不是省事得多吗？"

孟子很不客气地对他说："你错了！你把邻国作为聚水的地方，结果将使洪水泛滥，倒流回来，造成更大的灾害。有仁德的人，是不会这样做的。"

这就是成语"以邻为壑"的由来。

从"大禹治水"和"白圭谈治水"这两个故事来看，白圭只为自己着想，不为别人着想，这种"己所不欲，要施于人"的错误思想，难免要害人害己。大禹治水把洪水引入大海，虽然费工费力，但这样做既消除了本国人民的灾害，又消除了邻国人民的灾害。这种推己及人的精神值得我们钦佩和效仿。教师在道德教育方面，要引导学生树立正确的道德观。

"推己及人"这种替别人着想的道德情怀不仅在中国，在全世界也有着广泛的影响。据说，联合国总部大厅里，就悬挂着孔子"己所不欲，勿施于人"的语录，体现了人类对美好人际关系的向往。

"推己及人"是儒家社会公德的至高境界。在充满机遇和挑战的现代社会，人与人之间充满了激烈竞争，每个人都在努力发展自己的事业，每个人都希望自己在激烈的社会竞争中立于不败之地，获得人人艳羡的成功。那么在竞争中，怎样才能达到"推己及人、共同成功"的"双赢"效果呢？子曰："夫仁者，己欲立而立人，己欲达而达人。"（《论语·雍也》）"己立立人，己达达人"，也许是达到这种效果最好的方式。

一次，子贡问孔子："如果有人广泛照顾人民并能够济助众人，这样如何？可以称得上是仁吗？"孔子一听，说："这样何止是仁啊，一定要说的话，可以称得上是圣人了！所谓仁者，是自己想立足时也帮助别人立足，能够根据自身的情况去设想他人，这就是行仁的方法。"

"仁爱"的本质是推己及人，是大家共同成长，一起走向成功。这与现实中某些人的"己欲立而不立人，己欲达而不达人"形成了鲜明的对比。我们应从长远的角度来考虑人与人之间的关系：要想真正谋求发展，绝对不能只顾眼前利益，不能只顾自己，而要善于站在他人的角度来思考，真正从促进彼此进步的角度来考虑问题。

因此，教师要帮助学生树立一种"帮助别人，其实就是帮助自己"的观念，严格要求自己，以礼待人、遵守诺言。若与他人产生矛盾，一是要检讨自己，稳定情绪，换位思考；二是对他人要谦逊有礼，进退自如，做到有理也让人三分。这样，你就可以团结更多的人，建立一个良性的人际关系。故只有不断地提高自身修养，推己及人，才能有一颗宽广博大的心，在成就别人的同时也能成就自己，创造出更多的机会。

生活中的忠恕之道

角色扮演法就是学生在教师指导或自我设计下，通过显性的实践活动或者非显性的心理活动进行换位思考，扮演别人的角色，感受他人与自己的相同或不同感受，以达到相互理解的德育方法。

子贡曰："有一言而可以终身行之者乎？"子曰："其恕乎！己所不欲，勿施于人。"（《论语·卫灵公》）在《论语》中，孔子多次提到"己所不欲，勿施于人"，可见他把这句话作为德育的重要内容。在这里，我们把它叫作"替别人着想"。在《学而》篇中，曾子曰："吾日三省吾身——为人谋而不忠乎？与朋友交而不信乎？传不习乎？"在这里，对不同角色的扮演不仅成了"替别人着想的问题"，还成了自省的一个必要手段。

当下，人与人的接触更加频繁，利益矛盾也更容易产生，所以推崇孔子"己所不欲，勿施于人"的思想对于调节学生人际关系，正确处理社会关系，树立社会公德意识等都具有重要的意义。而要实施这种教育，学生必须学会各种角色的扮演与互换。

在各种实践活动中，可以让学生扮演多种角色，如让学生扮演交通警察，在路上维持交通秩序，能深刻地感受到交通警察的辛苦以及交通秩序的重要性，以便主动地遵守交通规则。又如，让学生扮演学校的门卫或保洁人员、环卫工人等，能切身体会不同工作的艰辛。

在矛盾冲突中也可以通过角色互换，让学生体会、理解对方，并学会检讨自己。学生之间的矛盾往往来自误解或过度敏感，并没有什么真正的利益冲突。教师让学生进行角色互换，换位思考，可有效化解日常矛盾。如：有的班长虽然工作态度积极，但工作能力不被学生认可，相互之间有对立情绪，班主任便让学生轮流值日来尝试履行班长的职责。一段时间后，在班会上，学生纷纷表示对班长工作的理解：做好一个班长很不容易，有的事情很难让所有同学都满意。

下面是一个使用角色扮演法的教学实例，课题为"沟通的意义"。该课例在课堂教学中取得了较好的效果，让学生深刻认识到他人与自己思考问题存在的差异性，以及与他人进行沟通、互相理解、换位思考的重要性。

教学中该方法的使用步骤如下：

1.教师讲解"理解"的定义。先让学生思考并讨论"在人际交往中，如果缺乏理解或者产生理解偏差可能会造成什么后果？"，再让学生对讨论的结果进行总结。

2.话剧表演。

情景一：学生甲沮丧地走着，碰到学生乙，上前诉苦："我最近好烦恼，我的数学考试又不及格了，被老师训了一顿，又被老爸打了一顿，而且……"乙东张西望，一副毫不感兴趣的样子。

情景二：甲更加烦恼。这时候，他碰到了正在做作业的丙。甲上前诉苦："我最近好烦恼……"丙更是一副不耐烦的神情，说："别烦我，没有看到我在忙着吗？别说了，走开走开！"

情景三：甲更加烦恼、痛苦，这时候他又碰到了丁。甲上前诉苦："我……"丁说："数学作业不会做吗？是你没有听课吧？"甲解释道："不是，是我的……"丁又打断甲，说："考试作弊被老师抓到了，还是你老爸不让你玩游戏了？……"甲无言以对，更加苦恼。

3.教师让甲同学谈谈自己在找乙、丙、丁三位同学诉苦后的心理感受，让其他三位同学也分享自己的感受，同时让班级其他同学讨论这三种倾听方式。

教师最后总结，并指出要做到理解别人，首先要学会倾听。一是抱着谦虚的态度认真听；二是仔细专注地听，不要三心二意；三是及时捕捉对方话语中的含义；四是不要轻易打断别人；五是及时给予适当的回应。

教师让学生讨论并找出刚才表演的话剧中做得不好的地方，然后让同桌之间再演绎一遍，一人当倾诉者，另一人当倾听者，练习做一个合格的听众。

4.教师讲解：换位思考分四步走。第一步——如果我是对方，我的需要是……；第二步——如果我是对方，我不希望……；第三步——如果我是对方，我的做法是……；第四步——我是在以对方期望的方式回应他吗？

最后学生领悟，既不能用别人对自己不好的方式来对别人，也不能用自认为好的方式来对待别人，要学会换位思考，学着将心比心，用希望别人对你的方式来对别人，用别人期望的方式来对待别人。

孔子为师之道

要善于和学生"斗智"

"亲其师，信其道"，但一味让学生"亲其师"，教师在学生心中的威信就容易打折扣，继而学生就很难做到"信其道"。所以，基于对学生的爱，教师还要善于和学生"斗智"。

一、"斗智"的智慧源泉——用爱唤醒学生

著名教育学家苏霍姆林斯基在《给教师的一百条建议》中说："童年时代的每个人都需要得到关怀和爱抚。如果孩子在冷漠无情的环境中长大，他就会变成对善和美都无动于衷的人。学校不可能完全代替家庭，特别是代替母亲。但是，假如孩子在家里得不到亲切的爱抚和关怀，我们做老师的就要特别关心他。"生活中，每一个人都渴望得到爱，没有爱的地方犹如荒漠，没有爱的地方生命便不能健康成长。因而，处于成长中的学生需要爱的滋润。作为教育工作者，我们的责任不仅仅是向学生传授科学文化知识，还要关注学生的身心健康成长。

如果老师和学生之间有隔阂，老师就要多与学生沟通，经常出入教室和学生宿舍，生活上对学生嘘寒问暖，思想上与学生交流谈话，并有针对性地对学生进行理想教育和规划指导，切实帮助学生解决一些实际问题。有一次，授课老师反映班上一名同学经常上课不专心听

讲，还郁郁寡欢。经过仔细了解得知，该同学父亲早逝，生活拮据，背上了沉重的思想包袱，多次想放弃学业。鉴于这种情况，我利用团支部活动，号召全体团员向该同学捐款。这样既解决了该同学生活中的实际困难，又增进了同学们的友谊。后来，该同学很受感动，大大激发了学习热情，学习成绩也逐步提高。因此，我们要建立良好的师生关系，对学生多一点了解，多一点认识，多一点宽容，多一点尊重，试着站在他们的立场上看待问题、分析问题，与他们真诚交流，相信问题会得到解决。只有用真诚的师爱唤醒学生、帮助学生，他们才能够去努力学习、认真生活。我想，这就是所谓的"心诚则灵""嫩枝易弯也易直"吧！

二、"斗智"的成功方略——实施心理教育

面对个别特殊学生时，可运用心理学方法实施教育，然后给他讲解道理，让他明白不管他有多少缺点，老师都会选择包容他、帮助他。班级有个男生，平常自由散漫，上课爱讲话。最近找他谈话时，我改变了谈话方式，使用了一点谈话技巧："很多同学都说你很聪明，如果你能控制自己的情绪，认真听课，成绩一定会提高很快。如果上课时认真听讲，帮助老师维持课堂纪律，下课时认真完成作业，帮助同学们打扫卫生，你很快就会成为老师和同学们眼中、心中的好学生，大家都会更喜欢你。你想一想，被人爱、被人喜欢是多么幸福。可是，如果老师和同学们都不想管你，对你不理不睬，以后又会变成什么样子呢？"以前谈话时，大多是直接点明问题，指出缺点，可能会让学生觉得自己一无是处。这一次，同样的话换个说法，学生心里更容易接受，认知上也更愿意理解。所以，我的话还没完全说完，学生就认识到自己的错误了，说："老师，我明白了，我的确是没有管好自己，对不起，我错了，我今后一定改正，您相信我吧。此刻如果您不管我了，我该怎么办呢？"后来，他果然改变了。为了让他坚持做好自己，现在每次看见他时，我都会投以鼓励的目光，让他真正体会到老师的爱和温暖。

三、"斗智"的持续动力——拥有耐心和包容心

耐心是做好班主任工作的保证。学生学习、行为习惯的养成是一个长期反复的过程，班主任要有足够的耐心才能持续深入地开展工作。一个班集体有几十名学生，有违纪等现象在所难免，在坚持班级严格管理的总体要求下，班主任要有一定的度量，可耐心地帮助学生认识自己的缺点和错误，并促其改正。尤其是在批评学生时，要注意保持情绪稳定，克服急躁，防止学生出现厌学、逃学等不良后果。面对学生，教师多一分耐心，学生就会少一分过失。只有帮助他们及时解除烦恼，他们才有可能把精力全部用在学习上。同时，教师要通过言传和身教对学生进行全方位的教育，让他们发现老师的人格和魅力，从而增强学习的动力。因此，工作中教师不能把自己的不足和缺点过多地暴露给学生，平时要坚持学习，努力提升自我，树立良好形象，展现人格魅力，也可以说"包装威信"。教师要让学生根据自己的努力看清自己，认识到自己每天都是不断改变和进步的。教师要与学生将心比心，让学生明白自己的用心良苦。著名教育家陶行知说过：在实践中去尊重学生，让每个学生都抬起头来走路。所以说，真诚的老师可以用师爱转化学生、改变学生。

四、"斗智"的法宝——拥有一颗平常心

教育工作关系着国家未来，关系着民族振兴。为社会输送合格的公民，是每一个教育工作者义不容辞的职责。当看到学生带着知识，带着理想，带着健全的人格走出校门，投身到社会建设中去的时候，这就是老师最大的幸福；当看到学生在工作中取得成绩、建功立业的时候，这就是老师最大的成就。班主任工作辛苦而琐碎，教育工作平凡而普通，这就要求教师要有奉献精神。教师多花一点时间在学生身上，多找学生谈一次话，学生可能就因为你的一句话改变了人生。作

为一名班主任，一定要在关键时期把学生的养成教育"抓早、抓细、抓紧、抓实"，并且在工作中不断地学习模仿、不断地总结反思。

总之，担任班主任三十多年，做到"四心"是关键：自我工作尽心；家长对我放心；任课教师有信心；学生能够安心。换句话说，爱心、责任心、耐心和宽容心是班主任与学生交往的桥梁。有爱心的老师，学生更容易亲近；有责任心的老师，不会放弃任何一个学生；有耐心的老师，能与学生更好地交心；有宽容心的老师，更能得到学生的信任。

孔子为师之道

点燃信念的明灯

古希腊传说中有一个凄婉的故事，希洛深爱着海峡对岸的少年利安得尔，于是，她每晚都要在塔楼上点一盏灯，为心上人引路，使他安全游过海峡。后来，在一个暴风骤雨的漆黑夜里，她点燃的灯被风吹灭，利安得尔最后溺死在大海里。

希洛点燃的仅仅是一盏灯吗？不，她点燃的是一种信念，一种爱的信念，一种坚定的信念。风吹灭的仅仅是一盏灯吗？不，它吹灭的也是信念。

人一旦拥有了坚定的信念，心灵深处就会点燃一盏明灯，驱走黑暗，指引方向。可人一旦失去了信念，就会迷失方向，折损勇气，一颗追求的心也可能永沉海底。

教师教书育人，被称作"人类灵魂的工程师"，因此教师从事的是一项高尚的职业——塑造孩子的心灵。要塑造孩子美好的心灵，这就要求教师要爱满天下，倾心育人，在孩子幼稚的心灵中注入一种坚定的人生信念，让信念的明灯点燃起来，照亮孩子的一生。

那么，教师怎样点燃孩子信念的明灯呢？

一、投其所好，找准点燃信念的契机，使信念转化为力求上进的内驱力

大伟是全校有名的"刺儿头"，被认为是一个"不可救药"的孩子。作为班主任，我用尽千方百计，可仍是一筹莫展。家访多次，家长也无可奈何。怎么办呢？直到有一天，我读到这样一则故事：

> 纽约州的大沙头是一个贫民窟。这里出生的孩子，长大后很少有人获得体面的职业。皮尔·保罗担任诺必塔小学的校长。走进当地的一所小学，他发现这里的很多孩子无所事事、旷课、斗殴。当罗尔斯这个孩子从窗台上跳下来，伸着小手走向讲台的时候，保罗说："我一看你修长的小手指就知道，将来你就是纽约州的州长。"当时孩子大吃一惊，长这么大，只有奶奶夸奖过他一次，说他可以成为五吨重的小船的船长。他记下了校长的这句话，并且深信它。从那天起，纽约州州长就成了飘扬在他精神上的一面旗帜。从此，他不再说脏话，捣蛋的事再也不干，他信心百倍，成了班长。此后，他一直以州长的身份要求自己。51岁那年，他真的成了纽约州州长。

罗尔斯的成功缘于保罗校长的一句话，保罗校长对他的肯定点燃了他强烈的信念。显然，这位校长懂得把握学生的内心世界，在不经意之中将信念索道连接在孩子的潜能上。可以说，他找准了点燃信念的契机，激活了生命的能量，使信念转化为一种令人不可思议的内驱力。

这则故事对我的震撼很大。反省自问：问题孩子真的就一无是处吗？不。只是我们没有用一颗爱心关怀孩子，没有用一双慧眼观察孩子。于是，通过多次细心观察，我惊喜地发现：大伟这个问题孩子的表层下面隐藏着一颗英雄的心。

一次偶然事件给我提供了教育孩子的契机。

大伟的一个同伴被另一个班的同学打了，他知道后，怒冲冲地走

上前，对打人的同学大打出手，打得对方头破血流。

后来，我把他叫到了办公室，先是抚摸着他的头，轻声地问："孩子，你崇拜英雄吗？"他大声地说："谁不崇拜英雄呢？""孩子，其实你也是英雄！"我伸出大拇指，"你也具备做英雄的潜质。比如你很仗义，很勇敢！"见他内心有所触动，我便严厉地说："但是，你还不是真正的英雄，你太鲁莽了，有点盲目。真正的英雄是有勇有谋的。你把其他同学的头打破，这造成了多么严重的后果啊！"思考片刻，孩子幡然醒悟，我再次拍了拍他的肩膀，说："孩子，老师相信你，将来你会成为真正的英雄的。"

几天后，一件事证明了我的预言。

放学后，大伟和几个伙伴刚走出校门，几个社会无业青年走上来，围住了他们，要让他们交钱才能走。若是以前，大伟早就出手了。他想起了自己对老师许下的诺言，于是灵机一动，装作很害怕的样子，说："哥哥，我们带的钱不多，让我的同伴在这里，我回去拿钱，行吗？"说完，向同伴使了个眼色，就一起跑了。后来，大伟报了警，把那几个社会无业青年全抓走了。

第二天，我在课堂上自豪地宣布："我们班出了一个大英雄，一个真正的智勇双全的英雄。大家想知道他是谁吗？——他就是大伟同学。"大伟有点不好意思了，但是做英雄的信念更坚定了。

教学和教育的全部技巧和艺术就在于，要使每一个儿童的潜能发挥出来，使他们享受到成功的乐趣（苏霍姆林斯基《给教师的一百条建议》）。怎么发挥出孩子的潜能，最重要的是教师要在孩子幼稚的心灵中种下信念的种子，让其生根、发芽，茁壮成长。要做到这些，就要求教师必须有一双慧眼，用锐利的目光捕捉到学生身上稍纵即逝的闪光点，使学生由尊重得到肯定，由肯定产生信心，由信心形成信念，由信念形成自律，由自律形成强大的动力，直至成才。

二、讲述故事，点燃孩子心中的信念明灯，照亮人生道路

通过讲故事，激励每个孩子树立强烈的信念。

> 三个工人在砌一堵墙，有人过来问："你们在干什么？"第一个人没好气地说："没看见吗？砌墙。"第二个人抬头笑了笑，说："我们在盖一座新楼。"第三个人笑得更灿烂，说："我们正在建设一座新城市。"
>
> 十年后，第一个人仍在另一个工地上砌墙，第二个人坐在办公室里画图纸，他成了工程师。第三个人呢？他是前面两个人的老板。

每次讲完这个故事，孩子们都有点疑惑，又有点思索。每次我都会问："孩子们，你们愿做哪一个人呢？"学生齐答："第三个人！""为什么呢？"有人说："第三个人的目标最高。"有人说："第三个人信念最高，最坚定。"也有人说："第三个人对工作最感兴趣！"

每迎一届新生，第一堂课我都重复讲这个故事。每送走一批毕业生，我都会让他们把这个故事深深地刻在心里，让坚定的信念扎根心中。

总之，教无定法。任何一种教育方法，只要教师使用得当，都会有好的教育效果。讲故事是一种古老的教育方式，它保存和分享了人们共同的智慧，便于学生融入其中，深入思考，从而坚定信念。

三、用尺子衡量，坚定成才的信念，让信念的明灯持续发光

借鉴美国学者霍华德·加德纳的多元智能观（人类有八种不同的智能：一是语言智能，比如诗人、律师；二是数理逻辑智能，比如科学家；三是音乐智能；四是空间智能，比如工程师、航海家、水手、外科医生；五是肢体运动智能，比如运动员；六是人际关系智能，比

如政治家、销售员、教师；七是自省智能，比如哲学家；八是自然观察智能），我认为每一个学生都是聪明的。

班会上，数学从来没考及格却有语言天赋的宁宁说："我将来会是一个伟大的诗人！"笨嘴拙舌却钟爱数学的晗晗说："我要圆我的科学家梦！"酷爱足球的晓晓手舞足蹈地说："马拉多纳第二非我莫属了。"还有，班长以"政治家"自居，调皮鬼军军自封为"导弹专家"。几乎每一个人都有别人不及的特长或优势，每个人心中都升起了一种强烈的信念：我要成才，我能成才。

我们常说，多一把尺子，就多一批好学生；多一点信念，就多一份成功。美国成功学的奠基人奥里森·马登说过：你的体内有着伟大力量，如果你能发现和利用这些力量，你就会明白你所有的梦想和憧憬都会变成现实。所以，教师心中要有一把尺，正确认识和衡量每一名学生，承认个体的差异性，继而因材施教，让每一名学生都能学有所成。

虽说"白天鹅"是可爱的，但"丑小鸭"也需要得到教师的关爱。只要教师付出真诚的爱，用心去发现学生的潜能，用热情去点燃学生信念的明灯，就能激活他们生命的无限能量。终有一天，"丑小鸭"也会展翅高飞。

科学地"减"和"加"

　　"冰冻三尺非一日之寒","学生负担过重"的现象由来已久,其问题的产生也是多方面的。

　　从负担的来源看,可以分为外加负担和自加负担。外加负担主要涉及不合理的教学安排、家长严格的指令等,目前是学生主要的学习负担。自加负担是指学生内在需求的学习目标所带来的负担。因此,我们要减少外加负担,适当增加自加负担。

　　从负担的载体看,可分生理负担和心理负担。心理负担更不易被人察觉,对学生心理健康危害很大,所以减轻学生的心理负担应引起关注。

　　从学习内容的性质看,可分为学科负担和活动负担。学科负担是完成学科课程所必须付出的体力与心力;活动负担是完成活动课程所付出的体力与心力。从学生身心健康考虑,我们要减轻学科负担。

　　减轻学生负担是一项系统工程,需要学校、家庭、社会共同努力,为学生创造和谐全面发展的良好环境。那么如何使中小学生的减负工作取得预期效果,得到社会的认可、家长的满意?下面,谈谈我的一些认识和想法。

　　一是优化课程减负。学校要从学生的学习特点和认知规律出发,优化课程结构和教学内容,严格执行国家课程标准,开全课程,开足

孔子为师之道

课时，优化必修课，增加选修课，完善活动课，让学生轻负担、高效率。

二是科学评价减负。教育应着眼于人的全面发展，切莫把减负这一手段当做根本目的。要减负，就要克服"头疼医头、脚疼医脚"的策略，形成全面可行的长效机制。要从源头上建立多元评价体系，杜绝减课时不减考试的表面文章；要调整结构，着眼于综合素质的培养；要提升质量，减少机械重复，激发学生兴趣；要疏通机制的阻碍，堵住课外培训恶性竞争的漏洞。"骏马能历险，犁田不如牛；坚车可载重，渡河不如舟。"对于孩子，政府、社会、学校、家长要转变教育理念和评价标准，因材施教、分类评价，唯此方能教育出合格的人才。让学生用不同的步子走路，走出各自的精彩；坚决纠正唯升学率、唯考试成绩的片面做法，培养全面发展的新人。

三是家校合作减负。通过家校共育、家校平台等载体，向家长传授学生成长规律、家庭教育知识、家校协同技巧等，引导家长从焦虑中走出来，促进学校和家庭在减负方面相向而行、形成合力。父母要尊重孩子的成长规律，树立科学的育儿观，不能拔苗助长。研究发现，父母对孩子有期望，有利于孩子取得更好的成绩，但前提是期望不能超越孩子的能力，不能因为父母的愿望是"希望孩子好"就可以上不封顶，以为父母的心有多高，孩子的能力就有多强。民主型教养方式是最值得倡导的家庭教养方式，其特点是高期望、高反应，即父母对孩子有要求、有期望，同时也关注孩子的需求。每个孩子都是独特的个体，他们的认知水平、接受能力不同，发展的速度也不一样，父母要尊重孩子的个体差异和天性，不能在孩子的学习、发展方面搞攀比。

四是尊重教学规律减负。教育是有规律的。作为教师，如果违背了教育规律，其后果是不可逆的。违背了教育规律的教育，不可能给学生减负；违背了教育规律的教育，只能是学生的负担，越"减"越重。符合教育规律的教育是什么样子的？符合教育规律的教育是教师深耕细作课堂这块"责任田"，把"播种"等技术传授给学生，引导学生自己去"播种"，做这块"责任田"的主人。学生承担了责任，能够拥有一个独立学习的过程，才是一节课最根本、最核心的所在。

教育的最高境界，是焕发孩子"自教""自律"的热情。陶行知先生提出了"学生自治"的主张：让学生团结起来，学习自己管理自己。学生一旦进入"为己师"的角色，就会主动地以"为师"的自我引导"为生"的自我，以"理想"的自我激励"现实"的自我，以"奋起"的自我教诲"落后"的自我，以"完善"的自我修正"残缺"的自我。那么教师怎样激发学生的"自教""自律"呢？教师要为学生搭建讨论、探究的平台，让学生在讨论、探究中破解学习难题；为学生搭建交流表达的平台，让学生在表达中展示自我；为学生搭建展示分享的平台，让学生在展示中增强自信与成就感，在分享中体验学习的幸福感。教师还要把自己的口动变成学生的动口，把自己的手动变成学生的动手，把自己的脑动变成学生的动脑。如果学生在这些方面都动起来，减负效果自然就有了。

"减负增效"，对教师提出了更高的要求——提高课堂45分钟的效率。课堂是减负的主阵地，减负增效就是有效提高课堂教学效率。在授课中，力求深入浅出，精讲多练，提高学生学习兴趣；在课堂练习中，重点关注对有困难学生的辅导，同时准备一些有难度的题目供学有余力的学生思考练习，从而提高思维能力。

减负不只是做减法，也要做加法。全面提升教育质量，就要在美育、体育和劳动教育中，围绕体育、艺术、阅读、写作、演讲、人际交往、团队协作、科技创新等方面适当增加课程，开展更多的活动。放学后的课后辅导，既可以进行学科辅导，也可以组建兴趣班，这是减负增效的一大利器。让同学们走进兴趣班，教师正面引导，真正做到因材施教。

孔子为师之道

学做情绪主人，保持阳光心态

教师是人类灵魂的工程师，肩负着教书育人的神圣职责。在学校教育教学中，教师的心理状况、性格特征和行为习惯，都会对学生产生深刻影响。所以，教师的综合素养尤其是心理品质对学生心灵的塑造和影响，是任何其他教育手段都无法代替的。那么作为教师，要具备健康的心理应该采取怎样的有效策略呢？

一、把握情绪的按钮，学做自己情绪的主人，时刻保持阳光的心态

人们常说：不顺心的事，十有八九。所以，我们要学会调节自己的情绪，用微笑面对工作和生活，做自己情绪的主人，时刻保持乐观向上的心态。

学会制怒。在学校生活中，几乎每学期都有师生发生矛盾甚至冲突，特别是在初中阶段。初中生正值青春发育期，这个阶段的心理特征是：思维比较活跃，争强好胜，爱要面子，容易冲动，产生逆反心理，情绪不够稳定，自我调控能力较差等。面对这些心理特征可能产生的一些问题，如果老师不能及时、正确处理，那么自我心态就容易失衡，就很可能和学生发生正面冲突，给师生之间造成隔阂，严重时还可能会给双方带来身心伤害。因此，教师要善于把握自己情绪的按

钮，学做自己情绪的主人，学会制怒。制怒，就是控制自己容易冲动和易怒的情绪。教师如果不能管理自己的情绪，面对学生"以暴制暴"，可能会出现意想不到的后果，使事情变得更加糟糕。这不但影响自己的教学和自己在学生心目中的地位和形象，严重破坏和谐的师生关系，还会影响彼此的身心健康。如果教师心中始终充满阳光和宽容，那么看待任何事物都将是美好的。如此，教师可以快乐地教，学生可以快乐地学。

学会转移注意力。教师可能因家庭琐事而烦恼，可能因教学成绩不够好而烦恼，也可能因同事关系、师生关系、职业发展等方面的问题而烦恼，以致心情郁闷，面对学生时不够积极向上。如果要从这些烦恼中解脱出来，教师就要学会转移注意力，提升自我，给自己赋能。此时，我们可以找一些自己感兴趣的事情去做，比如打打球、看看书、听听音乐、散散步等，让烦躁郁闷的心情能够及时得到纾解和放松。

学会自我排解。心情糟糕的时候，我们也可以发扬一下阿Q精神，学会自嘲。一次教学检验成绩不理想只能说明过去做得不够好，只要继续努力，将来可以做得更好。我们不必为一次失败或后悔的事情而情绪消极，要学会运用语言积极有效地暗示、安慰自己，调整和放松心理上的不安，使自己的不良情绪得到缓解。

二、更换观察视角，寻找学生身上的闪光点，客观看待和评价学生

因材施教，关注学生个性发展。陶行知先生曾有过这样的比喻：培养教育人和种花木一样，首先要认识花木的特点，区别不同情况给以施肥、浇水和培养教育。所以，每个学生身上都有自己的闪光点，如果教师能把握好，闪光点就会成为学生进步的起点。在平时的教育教学中，教师如果只盯着学生的缺点和短板，那么就容易对学生失去信心，看不到他身上的优点和长处。如果换一种眼光和视角看待学生，给予更多的尊重和理解、更多的信任和激励，以宽容、友爱、和谐的心态关爱学生，那么就会发现学生身上的"闪光点"，哪怕这一"闪光

孔子为师之道

点"是微不足道的，但对于学生来说也许是一个莫大的鼓舞。善于发现和捕捉学生身上的"闪光点"，既有利于营造和谐、温馨的师生关系，促进教育教学工作的顺利开展，又有利于激活和提升学生的自信心，充分激发学生身上的潜能。如此，师生关系和谐融洽，教学生涯充满挑战，无论是工作还是生活都有很强的获得感和满足感，身心岂能不愉悦。

三、多读书、读好书，提升个人修养，保持健康心理

欲求教好书，先做读书人。卞东华老师说，"读书是教育者的第一使命"，"教师读书是生命成长的需要，是教师生活的重要内容""读书与教学相得益彰"（《心理健康教育在思想道德教育中的应用方法研究》）。他给我很大的启发。把学习当工作，工作则充满乐趣，因而我们应寻求更多的机会去读书学习，获取更多的知识。打开书，走进五彩缤纷的世界，神游天下，是何等地令人神往，正如一名在沙漠中饥渴难耐的旅行者遇到甘泉一般。如此，置身于一方有书的天地，放松紧绷的心情，远离浮躁与功利，净化心灵，陶冶情操，保持良好心态，塑造完美人格。我们只有多读书、读好书，思想才会变得更加睿智，心理才会变得更加健康。

情动而辞发，披文以入情

刘勰在《文心雕龙》中云："夫缀文者情动而辞发，观文者披文以入情。"小学美术教学其实和作家著文一样，蕴涵着强烈的情感。情感性是美术的一个基本品质，也是美术学习活动的一个基本特征。情感的渗透和熏陶在美术教学中起着至关重要的作用。美术教师要善于创设生动、真切的教学情境，以情激情，以言动情，拨动孩子的情感之弦，奏出动人乐章。

一、角色互换

角色互换就是将课堂主动权交给学生，多倾听学生讲述。美术教师要努力改变传统教学——"传道、授业、解惑"的模式，扮演好引导者的角色。最好的爱是放手。美国教育哲学家布鲁巴克认为：最精湛的教学艺术，遵循的最高原则就是让学生自己动手，放手让学生去展示，让教室成为学生展示才艺的舞台。教师不要高高在上，而应走到学生中间，和学生平等交流，拉近距离，营造一种愉快欢畅的学习气氛。

孔子为师之道

二、合理评价

科学合理的评价可起到激励学生、引导学生的良好作用。美国心理学家威谱·詹姆斯有言：人性最深刻的原则就是希望别人对自己加以赏识。因此，作为教师，要有一双慧眼，善于从学生身上了解他们的志趣和个性特征，观察他们时隐时现的闪光点；更要有一颗匠心，走进他们的心灵，和他们的心跳形成和谐的节拍，与他们产生共鸣。教师做思想工作，要少一分"理"，多一分"情"，添一分"趣"，进而点燃他们信念的火种，使之燃烧为熊熊之火。由此，我深深地认识到，正确地处理学生所犯的错误，对学生的健康成长是多么重要。

美术课应呈现价值的多元性，以鼓励为主的合理评价措施，让学生品味成功的欢乐和喜悦，激发学生学习的兴趣。面对学生的作品，对于精彩的展示，要多一些喝彩；对于离题的展示，也要肯定其积极思考和发散思维。在曲阜古城，至今还保留着较完整的明清建筑群，房屋建筑上的窗花雕刻、雕梁画栋，精美的龙柱，硕大的碑文，根雕木刻工艺品，遗留下来的老式家具，圣贤祠中的壁画，等等，都是难得一见的工艺品。我曾带领学生组成志愿者小组，合作互助，进行曲阜手工技艺制作，有剪纸、做虎头鞋、捏泥人、刺绣等传统手工项目。刚开始，同学们踊跃参加，展示作品非常积极，可是制作的好多作品都不尽如人意。于是，在展示点评的时候，我只能尽力找到孩子作品中的闪光点，进行积极评价，然后对作品中的问题给予中肯的具体分析，提出一些有效的合理化建议。这种自我管理、自我教育的方式，使得学生的自尊心得到保护，能够切身感受到老师对他们的关爱。这样做比空洞的说教，更容易贴近学生的心理，更容易让他们接受，从而达到此时无声胜有声的教学效果。

三、倾听心声

倾听是一种无声的力量，能让人与人之间建立深刻的联系，消除隔阂。美国教师德·鲍拉说：教重要的在于听，学重要的在于说。学生得到的尊重越多，就越能刺激思维的积极性和表达的能动性。真正有效的教学，主要是倾听。教学的关键策略是，要让学生感觉教师在等待和倾听，这是拨动学生内心求知的情感之弦的最有效的方式。

上美术课时，教师可先放一段轻音乐，或带领学生欣赏几幅名画，或背诵几首唐诗，或讲一个有趣故事，制造一种轻松愉悦的气氛。在轻松愉悦的氛围中，让学生倾诉通过预习发现的本节课的学习目标和疑惑等，同时，教师静静地倾听，及时调整教学设计。课程快要结束时，教师还可以抽出几分钟时间，引导学生畅所欲言。学生可以畅谈本节课的收获，可以对下一节课提出合理化建议，可以对名画和学生作品进行评价，从而制造一种艺术沙龙的浪漫情调。如此，在轻松愉悦的气氛中，学生尽情地倾诉，和教师倾情交心，师生间的距离一下子拉近了，学生便会油然而生一种"我是学习的主人""我的地盘我做主"的感情。

四、生活交流

生活处处皆学问，通过交流可以传递信息，找到归属感和安全感。美术教育一定要和学生的生活实践体验结合，引导学生在生活中发现美感，在广阔自然中发现画意，在人际交往中体味人与人之间美好的情愫，进而增加美术教学的丰富性、实用性和趣味性，扩展学生的生活经验，加强学生的情感体验，继而促进学生的健康成长。教师在课下要善于做学生的"知心人""忘年友"，可面对面交流，或者间接传递信息，如通过批改作业时撰写评语等方式矫正问题心理，从而走进学生的心灵，与他们产生心灵上的共鸣。列宁说得好，人的思想只有

孔子为师之道

被浓厚的情感渗透时，才能得到力量，引起积极的注意、记忆和思维。美术教师在美术教学中要少一分"理"，多一分"情"，添一分"趣"，努力拨动孩子学习美术的"琴弦"。学生动了情，有了与教师、作品同频共振的情趣，教学就会收到"唯恐聆听之不周，不知铃声之既响"的效果。

论孔子教育思想

一、孔子的生平和教育活动

　　孔子先世为殷人，系宋微子的后裔。到五世祖木金父时，因其父孔父嘉在宫廷内讧中被杀，木金父亦被降为士，并"绝其世"，即被剥夺卿大夫的世袭地位。为了区别公族，他便改姓孔。其三世祖孔防叔，畏华氏之逼逃亡鲁国（今山东）定居。孔子的父亲孔纥（字叔梁）是鲁国贵族孟献子属下一个"有力如虎"的猛士，因立两次战功，提升为陬邑（今山东曲阜南）大夫。孔纥六十几岁时同一个年纪不满二十岁的姑娘颜徵在成婚。年龄的差距，可以看出其阶级地位的悬殊。传说他们夫妻俩因祈祷山神来不及回家，妻子就在山洞中生下孔子（此洞便以"坤灵洞"和"夫子洞"命名，今尚在。山即称"尼山"，位于曲阜城南）。

　　孔子3岁时，先丧其父；17岁时，又丧其母。孔子的家教中重视礼仪之教。生活贫困，促使他较早为谋生做事，学会多种本领，他自称："吾少也贱，故多能鄙事。"（《论语·子罕》）他青年时期在季氏门下当过委吏（管理仓库），还当过乘田（管理畜牧），由此他接触到社会底层，了解到人民的一些愿望和要求。孔子生长于当时的文化中

孔子为师之道

心——鲁国，在周礼的熏陶下，六岁"为儿嬉戏，常陈俎豆，设礼容"。十五岁时，他就确立了坚定不移的学习志向，"吾十有五而志于学"（《论语·为政》）。他学习鲁国保存的知识文化，从中寻求治国救民之道。这一基本方向，决定了他一生的生活道路，形成了儒家的思想特点。孔子最大的抱负，是希望有机会登上政治舞台，施行仁政。他说："苟有用我者，期月而已可也，三年有成。"（《论语·子路》）意思是：假使有人用我治理政事的话，一年的时间就差不多了，三年就会大有成效。孔子约自30岁起，就奔走于齐鲁之间，希望通过从政来实现他的理想，但经过十多年的努力，终未获得统治者的重用。于是，他就招收弟子从事讲学活动。直到51岁，鲁定公任他为中都宰。后来，他"由中都宰为司空，由司空为大司寇"，"由大司寇行摄相事"。后因和鲁国执政大夫季桓子的矛盾激化而下野。在做官期间，他并未停止办学。见自己的政治抱负在鲁国不能实现，55岁时，他便率领弟子周游列国。孔子先后经过卫、曹、陈、宋、蔡、郑、楚等十几国，一面宣讲自己的政治主张，一面坚持流动教学，68岁时返回鲁国。此后，他专门从事教育工作。

孔子在政治上虽然没有达到他的目的，但在文化教育上成绩卓著。孔子大约在30岁（前522年）时，从事创办私学活动，开始他的教育生涯。他以"学而不厌，诲人不倦"的精神，从事着教育工作，这是他获得教育成功的根本条件。在教学过程中，孔子搜集并整理出《诗》《书》《礼》《易》《乐》等古代文献作为教材，对中国古代文化的传播起了重大的作用。他还通过教学实践，积累了丰富的经验。在教育目的、教育内容、教学方法等方面，他也作了系统的论述，对后世的教育影响极大。《史记·孔子世家》载孔子有"弟子盖三千焉，身通六艺者七十有二人"，他自己也说："受业身通者七十有七人。"他培养了这么多人才，可谓教育硕果累累，做了前人未做到的事。

公元前479年，一代教育家孔子病逝，其弟子以父母之丧礼之，皆服孝三年。"三年心丧毕，相诀而去，则哭，各复尽哀；或复留。唯子贡庐于冢上，凡六年，然后去。弟子及鲁人往从冢而家者百有余室，因命曰孔里。"

孔子的思想学说和他的事迹，弟子们各有记录，后来汇编成一书，名为《论语》，这是研究孔子教育思想最重要的材料。

二、孔子论教育的作用

孔子认为教育对社会发展有重要作用，是立国治国的三大要素之一，教育事业的发展要建立在经济发展的基础上。《论语·子路》记载："子适卫，冉有仆。子曰：'庶矣哉！'冉有曰：'既庶矣，又何加焉？'曰：'富之。'曰：'既富矣，又何加焉？'曰：'教之。'"通过冉有之问，孔子扼要地阐明了他的庶—富—教的施政大纲。从庶、富、教三者的排列关系上看，孔子已直观地认识到，治理好一个国家，要有三个条件，即劳动力、发展生产、进行教化和发展教育事业。

孔子对教育在人的发展过程中起关键作用持肯定态度。他在中国历史上首次提出"性相近也，习相远也"。这一理论具有一定的科学性，指出人的天赋素质相近，打破了奴隶主贵族天赋比平民高贵、优越的思想。这个命题，既是孔子"有教无类"的理论基础，又是孔子长期从事教育工作的结晶。

三、孔子论教育的对象

孔子提倡"有教无类"。春秋以前是贵族之学，有资格接受教育的是王公贵族的胄子，作为平民是没有资格入学接受教育的。孔子创办私学后，首先在招生对象上进行了相应的革命，实行"有教无类"的办学方针，这也是孔子教育实践和教育理论的重要组成部分。对于"有教无类"，东汉马融说："言人所在见教，无有种类。"梁朝皇侃说："人乃有贵贱，同宜资教，不可以其种类庶鄙而不教之也，教之则善，本无类也。"其本意就是：不分贵贱贫富和种族，人人都可以入学受教育。为了实现这一原则，孔子在招收学生时表示："自行束脩以上，吾

孔子为师之道

未尝无诲焉。"只要本人愿意学习，主动奉送十条干肉作为见面礼，就可以成为弟子。于是，他的弟子来自多个诸侯国，有齐、鲁、宋、卫、秦、晋、陈、蔡、吴、楚等国，分布地区较广。弟子的身份复杂，出身于不同的阶级和阶层。但大多数出身平民，如穷居陋巷、箪食瓢饮的颜回，卞之野人以黎藿为食的子路，穷困至于三天不举火、十年不制衣的曾参，居室蓬户不完上漏下湿的原宪，父为贱人、家无置锥之地的仲弓。也有个别商人出身，如曾从事投机贩卖的子贡。还有少数出身于贵族，如鲁国的孟懿子和南宫敬叔、宋国的司马牛等。孔子私学中，弟子品类不齐，各色人物都有，实是"有教无类"的活标本。当时有人对此不理解，产生种种疑问。南郭惠子讥笑性地问子贡："夫子之门何其杂也？"子贡曰："君子正身以俟，欲来者不距（拒），欲去者不止。且夫良医之门多病人？檃栝之侧多枉木，是以杂也。"虽门下人品混杂，皆能兼收并蓄，教之成才，这说明教育家胸怀的宽大能容，教育艺术的高明善化。

实行开放性的"有教无类"方针，满足了平民入学受教育的愿望，适应了社会发展需要，孔子私学成为当时规模最大、培养人才最多、社会影响最广泛的一所学校，从总的社会实践效果来看，是值得肯定的。"有教无类"是顺应历史发展潮流的进步思想，打破了贵族对学校教育的垄断，把受教育的范围扩大到一般平民，有利于中华民族文化的发展。

四、孔子论教育的目的

孔子教育的基本目的是培养志道和弘道的志士和君子。他一生以"朝闻道，夕死可矣"的精神追求道。但孔子一生不得志，就把志道、弘道的希望完全寄托在弟子身上。他教育他的学生"人能弘道，非道弘人"（《论语·卫灵公》）、"士志于道，而耻恶衣恶食者，未足与议也"（《论语·里仁》）、"笃信好学，守死善道"（《论语·泰伯》）、"志士仁人，无求生以害仁，有杀身以成仁"（《论语·卫灵公》）。他的学生也颇有体会，如曾参说："士不可以不弘毅，任重而道远。仁以为己任，不亦重乎？死而后已，不亦远乎？"（《论语·泰伯》子夏曰：
"百工居肆以成其事，君子学以致其道。"（《论语·子张》）可见，教
道和学道是孔门师生共同的目的，孔子的教育目的已转化为学生的学
习目的，因为这种主观和客观的统一，所以孔子才能造就出许多有才
干的学生来。

子夏曰"学而优则仕"（《论语·子张》），从理论上概括了孔子
教育目的的另一个重要方面。"学而优则仕"包含多方面的意思：学习
是通向做官的途径，培养官员是当时教育最主要的政治目的，而学习
成绩优良是做官的重要条件，如果不学习或虽学习而成绩不优良，也
就没有做官的资格。孔子对实行"学而优则仕"的态度非常明确，他
说："先学习礼乐而后做官的是平民，先有了官位而后学习礼乐的是贵
族子弟。如果要选用人才，我主张选用先学习礼乐的人。"学习与做官
有了密切的联系，他鼓励学生们说："不患无位，患所以立。"（《论
语·里仁》）这句话是说，不必担心没有官做，要担心的是做官所需
要的知识本领学好没有。弟子们受到此思想灌输，头脑中普遍存在为
做官而学习的念头，既然以学为君子，不做官是没有道理的，子路心
直口快，说出"不仕无义"。孔子积极向当权者推荐有才能的学生去担
任政治事务，但他在输送人才时也坚持一些原则：一是，学不优则不
能出来做官；二是，国家政治开明才能出来做官，否则宁可隐退。孔
子培养的一批弟子，大多或早或迟地参加政治活动，他们"散游诸侯，
大者为师傅卿相，小者友教士大夫"。

"学而优则仕"和孔子倡导的"举贤才"是一致的，确定了培养统
治人才这一教育目的，在教育史上有重要的意义。它反映了封建制兴
起时的社会需要，成为当时知识分子积极学习的巨大推动力量。

五、孔子的教学内容

根据《论语》，人们可以从不同的角度概括孔子的教学内容：一
曰：子以四教，文、行、忠、信。以文学、品行、忠诚和信实教育学

生，是指教学内容的四个基本方面。二曰：礼、乐、射、御、书、数等"六艺"，是指孔子教学的主要科目。三曰：《诗》《书》《礼》《乐》《易》《春秋》等"六经"，是文化典籍，是孔子教学所使用的基本教材。总之，可以说孔子的教学内容应该包括道德教育、文化知识和技能技巧的培养等三个方面。这三个方面，从教育内容的结构，以及社会的需要和个人人格形成看，应该说是初步完整化了。这是孔子在教学内容发展史上的贡献。孔子对这三个方面不是等量齐观的，他认为"行有余力，则以学文"。把道德和道德教育放在首位，为三者的重心，也是孔子教育思想的核心。

孔子改编的"六经"，是中国第一套较完整的教科书，从荀子的《劝学》篇开始尊为"经"，故后世称为"六经"，除《乐》已亡佚，其他"五经"在中国两千多年的封建社会里，一直是学校中最基本的教材。"六艺"与"六经"的不同在于："六经"偏重文化知识，属于文的范围；"六艺"则偏重才能和技术的训练。因"礼、乐"也具有这方面的性质，所以也列在"六艺"中。"射"是射箭，"御"是驾车，都属军事课程。

总的来说，孔子的教学内容有三方面特点：其一，偏重社会人事。他教学使用的教材，都属于社会历史、政治伦理方面的文化知识，注重的是现实的人事，而不是崇拜神灵。他虽不是无神论者，但对鬼神持存疑态度。他不谈"怪、力、乱、神"，不宣传宗教迷信思想，不把宗教内容列为教学科目，这种明智的态度，成为中国古代非宗教性教育传统的开端。其二，偏重文事。他虽要求从政人才文武兼备，但在教学内容的安排上，仍是偏重文事，有关军事知识技能的教学居于次要地位。其三，轻视技术与生产劳动。他所要培养的是从政人才，不是从事农工的劳动者，他不强调掌握自然知识和技术，他既没有手工业技术可传授，也没有农业技术可传授。他认为社会分工有君子之事，有小人之事，"君子谋道不谋食"，君子与小人职责不同，君子不必参与小人的物质生产劳动，所以他从根本上反对弟子学习生产劳动技术，如樊迟要学种田、种菜，他当面拒绝。

六、孔子的教学特点

（一）因材施教，有教无类

孔子在教育实践的基础上，创造了因材施教的方法，并作为一个教育原则，贯穿于日常的教育工作之中。他是我国历史上第一个运用因材施教的人，这也是他在教育上获得成功的重要原因之一（但"因材施教"的命题不是孔子提出来的，南宋朱熹的《论语集注》云："孔子教人，各因其材"）。

施行因材施教的前提是承认学生间的个体差异，并了解学生的特点。孔子了解学生最常用的方法有两种。第一，谈话。子曰："不知言，无以知人也。"（《论语·尧曰》）他有目的地找学生谈话，有个别谈话，也有聚众而谈。如有一次孔子向子路提出一个假定性的问题："道不行，乘桴浮于海。从我者，其由与？"子路并未说话，仅以高兴默认，孔子便说："由也好勇过我，无所取材。"（《论语·公冶长》）第二，观察。他通过多方面观察学生的言行举止，由表及里地洞察学生的精神世界：要"听其言而观其行"，单凭公开场合的表现作判断有片面性，所以要"退而省其私"；只凭一时的行为作判断还不够，还要"视其所以，观其所由，察其所安"（《论语·为政》），也就是说要注意学生的所作所为，观看他所走的道路，考察他的感情倾向，这就可以把一个人的思想面貌了解透彻了。他在考察人的方面积累了很多经验，认为不同的事务、不同的情境都可以考察人的思想品质。

（二）学思结合，知行统一

在教学中，孔子把"学而知之"作为根本的指导思想，他的"学而知之"就是说，学是求知的唯一手段，知是由学而得的。学，不仅是学习文字上的间接经验，而且还要通过见闻获得直接经验，两种知识都需要。他提出"博学于文""好古敏以求之"，偏重古代文化、政

孔子为师之道

治知识等这些前人积累的间接经验。他还提出，"多闻，择其善者而从之；多见而识之，知之次也"（《论语·述而》）。

孔子重视学，也重视思，主张学思并重，思学结合。他在论述学与思的关系时说："学而不思则罔，思而不学则殆。"（《论语·为政》）他既反对思而不学，也反对学而不思。子曰："吾尝终日不食，终夜不寝，以思，无益，不如学也。"（《论语·为政》）

孔子还强调学习知识要"学以致用"，要将学到的知识运用于社会实践之中；要把学到的知识"笃行之"，他要求学生说话谨慎一些，做事则要勤快一些，"君子欲讷于言而敏于行"，应当更重视行动。

由学而思而行，这就是孔子所探究和总结的学习过程，也就是教育过程，与人的一般认知过程基本符合。这一教育思想对后来的教学理论、教学实践产生了深远影响。

（三）启发诱导，循序渐进

子曰："不愤不启，不悱不发。举一隅不以三隅反，则不复也。"（《论语·述而》）愤与悱是内在心理状态在外部容色言辞上的表现。也就是说，在教学时要先让学生认真思考，已经思考相当时间但还想不通，就可以去启发他；虽经思考并已有所领会，但未能以适当的言词表达出来，此时可以去开导他。教师的启发是在学生思考的基础上进行的，启发之后，应让学生再思考，获得进一步的领会。孔子在启发诱导、循序渐进的教学中常用的方法有三种，即由浅入深，由易到难；能近取譬，推己及人；叩其两端，攻乎异端。

七、树立教师的典范

孔子被后世尊为"至圣先师""万世师表"，他将毕生精力贡献于后一代的教育工作，敏而好学，具有丰富的实践经验，重视道德修养，是一位尽职的好老师。他回答子贡的提问时说："圣则吾不能，吾学不厌而教不倦也。"（《孟子·公孙丑》）他也曾在学生面前评价自己说：

"若圣与仁，则吾岂敢？抑为（学）之不厌，诲人不倦，则可谓云尔已矣。"（《论语·述而》）他为后世的教师树立了五个方面的典范。

一是学而不厌。教师要尽自己的社会职责，重视自身的学习修养，掌握广博的知识，具有高尚的品德，这是教人的前提条件。

二是温故知新。教师既要了解掌握过去的政治历史知识，又要借鉴有益的历史经验认识当代的社会问题，知道解决问题的办法。

三是诲人不倦。孔子30岁左右开始办学，40多年不间断地从事教育活动，即使在从政的5年间，也仍然从事教育传授，周游列国时，还随处讲学。有的学生品德很差，起点较低，或屡犯错误，他也不会嫌弃，耐心诱导，造就成才。"爱之，能勿劳乎？忠焉，能勿诲乎？"（《论语·宪问》）对学生的爱和高度负责，是他有诲人不倦教学态度的思想基础。

四是以身作则。孔子对学生的教育，不仅有言教，更注重身教，经常通过严以责己，以身作则来感化学生。"躬自厚而薄责于人，则远怨矣。"（《论语·卫灵公》）"君子求诸己，小人求诸人。"（《论语·卫灵公》）"政者，正也。子帅以正，孰敢不正？"（《论语·颜渊》）"其身正，不令而行；其身不正，虽令不从。""苟正其身矣，于从政乎何有？不能正其身，如正人何？"（《论语·子路》）

五是教学相长。孔子认识到教学过程中教师对学生不是单方面的知识传授，而是可以教学相长的。他在教学活动中为学生答疑解惑，经常与学生切磋学问，不但教育了学生，也提高了自己。

总之，孔子是一个"以德服人"的教育家，是中国历史上教师的光辉典范，他所体现的"学而不厌，诲人不倦"的教学精神，已成为中国教师的优良传统。

孔子为师之道

未成曲调先有情

一、转轴拨弦三两声，未成曲调先有情

这天，孔子跟随乐师师襄子学习周礼中的"乐"。师襄子传授了孔子一首乐曲，孔子练习了四天，师襄子觉得孔子练习得很好，便想继续传授孔子下一首曲子，孔子却说自己想再练习几天。几天后，师襄子来找孔子，孔子说自己还要再练几天。数日后，师襄子经过孔子屋门口，立即被那动人的乐声所吸引，不能自拔，许久才缓过神来。进屋后，却发现疲倦的孔子刚刚入睡。师襄子拿了一件外衣给孔子披上，孔子猛然惊醒，而后他告诉师襄子作曲人的心境，令师襄子惊叹不已。孔子学习音乐，不仅仅是学会，更重要的是，他想弄懂作曲人的意图，达到"未成曲调先有情"的弹奏境界，而这种境界，绝对不是一天两天能达到的。为了这一天，孔子刻苦练习，反复地用心体会，凭着这种潜心钻研的精神，弹奏出了能打动人心的曲子，令人赞叹不已！

《论语·述而》中有言："子与人歌而善，必使反之，而后和之。"意思是说：孔子听到别人悦耳的歌声，就一定要请对方再唱一次；孔子学会后便按人家的旋律另作一首以和之，可见孔子对音乐的喜爱与精通到了无以复加的地步！"三月不知肉味"的故事最能说明孔子与音

乐的深厚渊源。孔子在齐国听了韶乐，激动得如痴如醉，大赞其"尽美矣，又尽善也"（《论语·八佾》）。

而孔子在鉴赏、品评、作词谱曲方面也颇有成就，如现存的古琴曲《龟山操》《将归操》及《猗兰操》等，都是他的作品。他还系统整理了《诗经》音乐，司马迁说他把《诗经》"三百零五篇皆弦歌之，以求合韶武雅颂之音"，这真是一个了不起的庞大工程！据说，孔子从幼年至晚年，毕生酷爱音乐并潜心钻研，造诣深厚，几乎每天都要弹琴唱歌，哪怕置身荒郊野外也不例外。直至临终前，孔子还流着泪对子贡唱："泰山坏乎？梁柱摧乎？哲人萎乎？"（《史记·孔子世家》）他将自己的喜怒哀乐寄托于音律，把对生活的独特感受与追求融入琴韵。

中国古代涉及音乐的专著有数百种，孔子的论述堪称圭臬。他认为：经典音乐是一种境界，聆听和体会美妙的旋律、和谐的音符与变幻的节奏，能够使浮躁的心绪得以纯净，会使人结成知音，从而达到"内在和谐"的目的。他曾对鲁国的一位乐师说："乐其可知也：始作，翕如也；从之，纯如也，皦如也，绎如也，以成。"（《论语·八佾》）意谓音乐是可以解读和理解的，音乐里那种"翕如、纯如、皦如、绎如"的连续性，与人的精神与心律的跳动是一致的，旋律和节奏在演奏或吟唱中达到动态的和谐，这里的"以成"既指"乐"的完成，亦指倾听者对音乐的清醒理解与认识，真正融入艺术的境界，实现聆听音乐而心境愉悦的目的。这使人想起《左传·襄公十一年》中的"八年之中，九合诸侯，如乐之和，无所不谐"，谓八年之间九路诸侯团结得像一曲美妙的乐曲，那么和谐动听。孔子同其前辈关于"音乐即和谐"的认识是何等相似！

二、未成曲调先有情，有情方能感化人

作为杰出的思想家与教育家，孔子认为道德与音乐同等重要，他提倡以音乐来提高人的品德和文明程度，强调音乐演绎出来的意境对于塑造人的良好素质所起的积极作用，音乐的律动有助于人们养成秩

序、规则、礼仪和互相尊重的品格。

音乐作为一种普遍的语言，具有深远的感化力量。它能够触及人心深处，无论是通过激发情感，提高专注力，还是通过表达思想和价值观，都能引发人们的不同情绪，帮助人们管理和释放情感。

有人只拨弹两三下，还没有成为一首完整的曲子，却已经把演奏者所要表达的情感表现出来了。这就是孔子，拥有高超的音乐技能，既是一位真性情的教育者，也是一位善于用音乐教化世人的教育家。

他与它

　　思想的芦苇，含着笑靥，穿越时空的隧道，化为心底宁静的碧水。

　　纷乱的虚幻，无知的黑暗，一抹闪耀着炽热光芒的精神火花，悄悄潜入恬静的心，净化着、超脱了那片荡漾的心湖，使得浮躁的涟漪平静地仰望，仰望那深邃的光，那划过天际的他与它。

　　袅娜的塘中荷，惬意的向阳暮晚。他抚琴于江边，花落的天籁之音悄然流于耳畔……点点荧光间，颤颤烛光后，一股凝聚了仁爱、孝德与好学的清明力量，插着圣洁的羽翼，飞越几千年，化作每个人内心的永恒！

　　啊，发自灵魂的信仰！

　　他，被称为至圣先师！华夏思想因他而大放光彩！

　　它，被誉为"治天下"之宝！中华情操因它而光芒万丈！

　　他和它，共同谱写了华夏的华美乐章，共同铸造了中国博大精深的文化！

　　仰望"仁远乎哉？我欲仁，斯人至矣"（《论语·述而》）。他说，仁没有什么高不可攀，几千年前是，几千年后亦复如是！仁心一片静水，流意绵绵。"志士仁人无求生以害仁，有杀身以成仁。"（《论语·卫灵公》）什么是仁？是那些抛头颅，洒热血，捐躯赴国难的中华儿女，是救人民于水火的英勇战士。他们不怕牺牲，抗战到底，他们成

孔子为师之道

仁于国，成仁于家，成仁于己！他们，因仁而美，流芳千古！

牵着风筝线，连着思乡情。扯开记忆的帷幕，他说："父母在，不远游。"（《论语·里仁》）他崇孝，行孝，颂孝！他是"今之孝者，是谓能养。至于犬马，皆能有养；不敬，何以别乎"（《论语·为政》）；他是"父母之年，不可不知也。一则以喜，一则以惧"（《论语·里仁》）；他是"弟子入则孝"（《论语·学而》）。浥浥雨丝，是孝随弦动徜徉、飘荡……风雨中，他奋勇无畏，扛着病中的母亲在路上艰行，从未放弃，从未停止。他，山东的一位孝子，用十几年的行动，诠释着孝。如果把人生比作一艘行驶的帆船，那么"孝"便是那迎风作响的风帆，歌唱着仲尼之孝！

暮春三月，顶着阳光的露珠闪着异样的色泽，那是韦编三绝，那是帘卷下的"学而不厌，诲人不倦"（《论语·述而》）；高存志，而垂于问，他"知之为知之，不知为不知"（《论语·为政》）；他"敏而好学，不耻下问"（《论语·公冶长》），他活到老学到老，"温故而知新"（《论语·为政》）、"学而不思则罔，思而不学则殆"（《论语·为政》）；他坚持在攀登的路上，他眺望知识的高峰，尽管，他还只在山脚……匡衡凿壁偷光，车胤映雪夜读，百分之九十九的汗水化为丹青，沉于他的胸膛……碎月，残隙，淡淡光辉，逝者如斯，却记忆犹新。学生是八九点钟的太阳，希望寄托在他们身上；学生是这个时代的耕耘者，未来需要他们开拓。灵魂的依托，思想的升华，人生的追求，未来的向往，是中华少年孜孜以求的中国梦！

他——孔子，仁爱，孝德，好学。

它——《论语》，博大，精深，润心。

他和它，光辉万丈！莘莘学子，铭心亘古！

明月清泉自在怀

江清月近人。月光朦胧，寒气袭人，传道的马车摇摇晃晃，朝着远方。一位孔武有力的儒者目光炯炯，驾车前行。车后，众弟子踽踽前行，影子散乱一地。

鸡声茅店月。圣人的马车咿咿呀呀，唱着永不疲倦的歌，前行，再前行；日行百里，舟车劳顿；夜宿小店，稍作歇息，就着穿窗而进的月光，疗治滴血的创口，抚慰受伤的心灵。明天又精神抖擞，整装出发。只为那一个梦中的理想国，只为那梦寐以求的周礼，只为那结束纷争、回归尧舜的誓言。

这是一支命运多舛的队伍。

曾被匡人围攻追打，五天后师徒重逢，可谓生离死别；曾被桓魋带兵追杀，差点被桓魋砍断的大树砸死，可谓惊心动魄；曾被不讲礼的蒲人扣留，四肢捆得结结实实，可谓斯文扫地。

泰山压顶而不变色，遭九死而无怨悔。愈挫愈坚，百折不挠。只是因为这群人有一个主心骨，有一位目光如炬的智者，有一位大彻大悟、无私无畏的精神领袖。

这是一个随性自然的人。

他曾坦言自己喜欢富贵的生活，却以平常心对待，"富与贵，是人之所欲也；不以其道得之，不处也"（《论语·里仁》）。即使清贫的生活，他也会乐在其中，活得有滋有味，做得有声有色。

这是一个浑身充满幽默细胞的人，他常常不自觉流露出幽默达观的气质。

在郑国，和弟子们失散了。子贡去找他，有个郑国人说："东门那里站着一个人，一副疲惫倒霉的样子，真像个丧家之犬。"子贡告诉他，他乐了，说："嘿嘿，还别说，还真让人家说对了，我就是个丧家之犬啊。"

被匡人围攻追打，五天后才和弟子重逢，那形状就别说"丧家犬"了，简直比"落水狗"还不如。

这是一个理想主义者。宁为丧家犬，不做豢养狗！

我不入地狱，谁入地狱。他一生都在为理想奋争，天下无道、礼崩乐坏，他"不识时务"，四处飘游，却又到处碰壁；极力游说，宣扬"仁义"。明知不可行，却拼尽一生心血，飞蛾扑火，贫穷落魄。

他和子路迷路了，向两位种田人打听，得知是他后，其中一位耕者说："天下的坏东西像滔滔洪水一样多，你管得过来吗？"他失望却又决绝地说："正因为天下无道，我才出来，如果天下太平了，我也会过隐世的生活。"

这是一个无畏的人。

他晚年写《春秋》，努力使之成为一本"微言大义"的著作，意在通过曲笔，辨是非，拨乱世，惩恶扬善，警告乱臣贼子，树立万世楷模。但是，作《春秋》对他而言是一件非常僭越的事。他不是史官，也不是天子，他没有这个权力来写《春秋》。"知我者，其惟《春秋》乎！罪我者，其惟《春秋》乎！"（《孟子·滕文公》）

他，就是孔子。

而我，却要说，您只是那样一个明知其不可为而为之，以致碰得头破血流而不悔的倔老头。

所谓"不可为"，不是不能做，而是在普通人看来没有实现的可能性，是"费力不讨好"的事，没有必要去做。在世俗的人看来，一定要先有利于自己才去做；在目光短浅的人看来，一定要保证很快见功效才去做；在一般政治家看来，一定要先有利于自己所在的全体才去做，一定要有利于当今时代才去做。

而圣贤做事，重视的是道义，事功的实现体现在千秋道义之中。依据道义去做事，即使局部或一时显现不出来利益，但是，全局、长远的利益就在其中了。这就是您周游列国的出发点。

您不因为是否成功才决定做不做，而是因为应该做，就去做。您周游列国，身体力行，实践自己的政治主张：实现"天下有道"的"小康"，实现"天下为公"的"大同"。时空跨越两千多年，回头再看您，就会看到：您高瞻远瞩，您提出的"仁政德治"，您提出的"小康""大同"，在中国历史上产生了多么深远的影响。

没有知其不可而为之，就没有为而使之可，就没有历史的前进，就没有人类文明的积累，更谈不上人类更美好的未来。必须具有知其不可而为之的精神。"知其不可而为之""虽千万人吾往矣"。海不能填，却偏偏要填，日不可追，却偏偏去追，把不可能的事情，当成可能的事去努力。您这种精神就是我们中国最本真的民族精神，这也是中华文明源远流长、薪火相传的真正原因。

鲁国不缺一个垂垂老矣的孔丘，您却赋予鲁国一种高贵的人格，使之成为道德高地。春秋乱世似乎也不需要您这样一个"不识时务"的"丧家犬"，您却扭转乾坤，成为中华民族历史上道德最高尚、思想最先进、智慧最高超的圣人。当今世界也一度遗忘了您，甚至还有自以为聪明的人咒骂您，您却以记载自己和弟子言论的《论语》，在世界文化之海高高矗立起来一座精神灯塔，成为彰显中国大国形象的精神基石。

"天不生仲尼，万古如长夜。"（《朱子语类》卷九三）

世人也许了解您的痛苦，但是未必能够领悟您在痛苦中升华的精神境界！世人也许崇拜您的伟大，却未必真正读懂您真实的博大的胸襟。世人也许把您尊为普照万物的太阳膜拜，可是，也许，您以为在夜黑风高之夜，做个泼洒清辉、和清风做伴的月亮就足够了。

明月清泉自在怀。这也许就是真实的您的传神写照吧。

孔子为师之道

您的一生，可以大富大贵，可以飞黄腾达，如果您愿意的话。可是，您选择了清贫、寂寞、碰壁、痛苦，因而您也自始至终保持了自己独立的人格。

"明月松间照"，就让您强大的思想之光照出我们当今俗人灵魂的庸俗浮躁吧，也让我们无所栖息的灵魂有一方恬静高贵的栖息之所吧。

传道，永远在路上

车子在京福高速公路上疾行，坐在车中的我疲惫不堪，骨头架子快要散了。到济南参加国学培训班，一周不停地诵经悟经，大脑高速运转，再加上舟车劳顿，早累得精疲力尽，昏昏欲睡。猛然，从高速出口处望见雄伟壮观的《孔子列国行》雕塑，我的精神不禁为之一振。

带着朝拜的心情肃立在《孔子列国行》前面，细细地瞻仰青铜群像。这是孔子故里的标志性雕塑，坐落在京福高速公路曲阜收费站附近，由中国著名雕塑家张得蒂创作，于2003年9月26日国际孔子文化节期间落成。群像基座高6米，象征孔子当年所传的"礼""乐""射""御""书""数"六艺，而六艺至今仍为素质教育之基础。群像长32米，高8米，共用青铜100多吨，非常宏伟壮观。雕塑周长73米，隐喻孔子孜孜以求、诲人不倦、传经布道的一生。群雕艺术处理上以中国秦汉雕塑艺术手法为主，强调民族风格，局部吸收西洋雕塑优点，古朴凝重，气势雄伟，充分展现了孔子及其弟子的大家风范。

这座雕塑以"孔子周游列国"为主题，整体流畅，设计逼真。雕塑的表现手法生动而富有感染力，生动刻画了孔子周游列国、传道授业的场景，传递出了一种积极向上、追求真理的精神气质。孔子身着古代衣袍，手持竹杖，表情庄重，栩栩如生地展现出了他的学者形象和儒家思想。雕塑造型简洁明快，富有现代感，融合了传统与现代的

孔子为师之道

元素。雕塑高超的锻造工艺，使得雕塑更具时代感和科技感，彰显了中国传统文化与现代文明的结合。

凝视着雕像，我穿越到两千年前：

鸡声茅店月。圣人的马车咿咿呀呀，唱着永不疲倦的歌，前行，再前行；只为那一个梦中的理想国，只为了那梦寐以求的道，只为了那结束纷争、回归尧舜的誓言。

"知其不可而为之""虽千万人吾往矣"。海不能填，却偏偏要填；日不可追，却偏偏去追，把不可能的事情，当成可能的事去努力。您这种精神就是我们中国最本真的民族精神，也是中华文明源远流长、薪火相传的真正原因。您开创的儒家之道将永远影响后人。

"孔子列国行"，五个字在夕阳下金光闪闪，晃亮了我的眼睛，把我从两千年前拉回来。我抖掉身上的疲惫，沿着孔子的路走下去。

传道，永远在路上。

教学改革之路

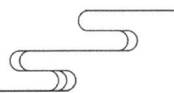

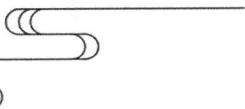

珠联璧合，相映生辉

生于忧患，死于安乐

舜发于畎亩之中，傅说举于版筑之间，胶鬲举于鱼盐之中，管夷吾举于士，孙叔敖举于海，百里奚举于市。

故天将降大任于是人也，必先苦其心志，劳其筋骨，饿其体肤，空乏其身，行拂乱其所为；所以动心忍性，曾益其所不能。

人恒过，然后能改，困于心，衡于虑，而后作；征于色，发于声，而后喻。入则无法家拂士，出则无敌国外患者，国恒亡。然后知生于忧患而死于安乐也。

得道多助，失道寡助

天时不如地利，地利不如人和。

三里之城，七里之郭，环而攻之而不胜。夫环而攻之，必有得天时者矣；然而不胜者，是天时不如地利也。

城非不高也，池非不深也，兵革非不坚利也，米粟非不多也；委而去之，是地利不如人和也。

故曰，域民不以封疆之界，固国不以山溪之险，威天下不以兵革之利。得道者多助，失道者寡助。寡助之至，亲戚畔之。多助之

教学改革之路

至，天下顺之。以天下之所顺，攻亲戚之所畔，故君子有不战，战必胜矣。

《〈孟子〉二章》（人教版初中语文教材九年级上册）同为孟子的说理散文，自然多有相同之处。但是，此二章之章法迥异，从不同角度显示了孟子说理散文的特点。是故，教学中采用比较法阅读，可以收到珠联璧合、相映生辉的效果。具体说来，可用如下"三读法"教学。

一、读课文，掌握精要，探讨文题与论点的关系

此二章的标题，均是编者根据二章的结论语所拟。二章标题字数相等（皆八字），每章标题都是由两个结构相同的短语构成，标题都用了对比，观点鲜明。然而，就标题与该文论点的关系而论，二章却又各有千秋。《得道多助，失道寡助》，主要论证战争胜负的条件取决于人心的向背，突出强调"道"的作用，即"人和"在战争中的作用。是故，论点为"天时不如地利，地利不如人和"。同时，战争的胜负又由统治者是否得道所决定，"得道者多助，失道者寡助"是这一番议论之后所得出的结论，是中心论点的深化，故将"得道多助，失道寡助"作为该章的标题。《生于忧患，死于安乐》，主要强调艰苦奋斗的生活对人的磨砺作用。标题为文章的"眉目"，这里以论点为题，文章自然眉目分明，主旨显豁鲜明。

综上，二章标题并非都是论点，可见与现代语体文中的议论文一样：有的文题即论点，有的文题只是揭示论题。如此，差互比较，自然会获得一种参差之美。

二、读课文，分析结构，讨论二章的论证方法

此二章篇幅相当（由三四段组成），但其结构各有特色。《得道多

助，失道寡助》，开篇提出论点之后，即以战争中攻守的得失利弊为论据，有力论证了前文提出的"天时不如地利"和"地利不如人和"的两个分论点。该文据事论理，论证严密，且层次清楚。最后，在此基础上自然得出"得道者多助，失道者寡助"的结论，从而进一步深化了文章主题。显然，本文论述采用了总起分承、最后总结的结构方式。《生于忧患，死于安乐》，与之则恰恰相反，文章一开始就列举了一系列由卑微到显贵的历史人物为事实论据，然后分析论证，兼之正反对比，最后水到渠成，得出结论：生于忧患，死于安乐。显而易见，本文论述结构方法为先分后总，论证方法为归纳推理法。可见，二章章法参差多变而析理透辟，议论参通，殊途而同归。

三、读课文，寻找修辞，体会孟文的语言特色

孟子这二章气势磅礴，具有极强的说服力、感召力，这与孟子其人善用排比等修辞格不无关系。《得道多助，失道寡助》中，"城非不高也，池非不深也，兵革非不坚利也，米粟非不多也"，用的是双重否定，排比有力；"域民不以封疆之界，固国不以山溪之险，威天下不以兵革之利"层递排比，更有气势。《生于忧患，死于安乐》，开篇列举历史人物，自然用的是主谓句并列排比；而"人恒过……"用的则是句式排比。足见孟子说理散文善用排比，而且句式灵活，形式多样，既给文章平添了气势，又给人以美不胜收之感。

当然，《〈孟子〉二章》除了巧妙运用大量排比句式之外，对比、对偶和顶针等修辞配合运用，也为文章增色不少，在此不一一赘举。

综上，从课文《〈孟子〉二章》之"一斑"，即可"窥"出孟子说理散文之"全豹"：笔带锋芒，语言犀利，气势磅礴，善于说理，手法多样，论证严密，等等。无疑，孟子说理散文的这些特点，对于我们今天读写议论文同样具有多方面的启发作用和借鉴意义。

教学改革之路

导出一江水，吹开二月花

高效的课堂首先源于教师教学中"导"的艺术。语文教学本质上是一种对话，需要教师"导"学。在教学过程中，教师的"导"既要跟上学生的思路，又要引导学生思考，让学生充分展现自我，师生之间保持充分、默契的对话。但是，实际课堂教学中，每个阶段对师生对话的内容和要求是不一样的。这就要求教师要在不同阶段展开不同层次的对话。

一、课堂初始阶段：设计好有效的对话情景，巧妙引出一江春水

"问渠那得清如许，为有源头活水来。"学生的自主思考是一江春水的源头，所以教师要给予学生充分的思考时间。学起于思，思源于疑。因此，学生无疑处需教他们有疑、善疑，有疑处则要帮助他们释疑。这就需要教师沉心静气，引导学生真正走进文本，找到质疑点，达到"心求通而未达，口欲言而未能"的境界。比如，有些学生学习课文，容易蜻蜓点水，不求甚解。有疑处，不会疑，也就谈不上自主探究。此时，教师需教会学生质疑。质疑点就是学生容易引起认知矛盾的地方。学生只有学会质疑，解决了这些问题，才能学会探究。

学生最初的阅读体验对师生对话起到推波助澜的作用。这就需要

教师珍惜学生对文本的最初体验，真诚地对学生的质疑给予肯定，设计有效的对话情景，使学生的思维从汩汩溪流到风生水起。如：

"今天我们学习《醉翁亭记》，不过老师觉得这篇文章有点难，我想请同学们先提问，提出自己的质疑。我来看看哪位同学能难倒老师？"

教室里一片寂静，然后是一阵儿小声的议论。

张明第一个站起来，说："老师，本文既然是写醉翁亭，那为什么先从山水写起呢？"

王霞不甘示弱地问："第三段主要写太守宴，为什么要先写滁人游呢？"

文静的孔浩也抢着举手提问："写太守乐，为什么要先写鸟之乐、人之乐？"

"同学们好厉害，提出的三个疑点，都指向了文章的中心——与民同乐。"

二、课堂主体和收尾阶段：引导学生找准文本的思维活动点，吹开二月花

巧卖"关子"，由此及彼，启动想象思维进行对话。要想调动学生对话的欲望，教师就要紧扣文本，善于卖"关子"，巧妙设置悬念，通过学生最敏感、最关心、最易引起兴奋的话题，吊起学生兴趣点，然后由此及彼，引导学生展开联想，步步深入，使对话渐入佳境。教师置疑："《春望》中有一名句'感时花溅泪，恨别鸟惊心'，谁能结合诗人的生活处境，想象一下，一生奔波漂流的杜甫面对'花溅泪''鸟惊心'时是什么样的心情？"这句话犹如一颗石子，投进了一潭平静的春水中，在学生心中荡起层层涟漪，一扫沉闷的课堂气氛，学生的思维活跃起来，开始议论纷纷。这是一种再造性联想提问，可以使学生深切地体会到诗人因国破家亡后欲哭无泪、欲喊无声的悲哀。

穿针引线，纵横连接，通过迁移思维来拓展对话。每篇课文既是一个相对独立的整体，又和其他课文有着千丝万缕的联系。《曹刿论

教学改革之路

战》（部编版初中语文教材九年级下册）关于战争的论述是全文的核心，"小大之狱，虽不能察，必以情"表现出"取信于民"的民主思想。师生之间的对话完全可以抓住这条红线，引申到广阔的生活，迁移到其他课文。教师提问："这种民主思想在其他课文中有体现吗？现在我们的民主有哪些进步的表现？"学生就会挖掘其他课文中类似的精神"内核"，穿针引线似的把这些闪光点串联起来，如孟子"民为贵，君为轻"的轻君重民思想，范仲淹"先天下之忧而忧，后天下之乐而乐"的政治抱负和"不以物喜，不以己悲"的旷达胸襟。同学们也纷纷以现实生活为例，说明现代社会民主已经深入到社会的角角落落。

多点观察，辐射思考，开拓发散思维来提升对话。苏东坡诗云："横看成岭侧成峰，远近高低各不同。"形象揭示了一个朴素真理：同一事物，从不同角度观察，往往印象不同，结论不一。此谓之发散思维。选择一个发散点，让学生用不同的方法和思维去解决同类型的问题，多角度思考、分析问题。《故乡》（部编版初中语文教材九年级上册），就可以引导学生从多角度、多层次探究小说主题的内涵，对中心进行多元思考来提升对话。从闰土、杨二嫂的变化，探讨纯真的人性是怎样被扭曲的；从水生和闰土的对比，探究当时中国民众的生命活力是怎样被封建社会扼杀的；从"我"对新生活的追求，探究作者对理想的人与人关系的渴望。因此，运用不同的思维方式，从另一个视角、方位、侧面思考问题，往往能独辟蹊径，有新的发现。

语文阅读教学实质上就是师生之间、生生之间的心灵沟通、思维碰撞。语文教学要高效就必须保证师生之间的心灵交流畅通，思维碰撞出火花。课前，教师要给予学生充分的思考时间，要善于引导学生自主思考，打开一江春水的源头。课堂教学中，教师要善于引导学生拓展文本，找准文本的思维活动点，激活学生的思维。导出一江水，吹开二月花，让每一名学生都能标新立异，绽放出属于自己的美丽。

激活"沉默层"

一直在为一个特殊群体困扰，那就是课堂中的"沉默层"。小组讨论中，"沉默层"恪守着"沉默是金"的信条，在讨论中总是那么被动，充当着"看客"或"听众"，不敢轻易发表自己的见解。如果不能激活这类学生的学习热情，合作学习就失去了全员参与的意义，"以人为本，面向全体学生"的新课程理念也就难以有效实现。

如何在小组学习讨论中激活"沉默层"，如何让"沉默层"成为课堂的主人，《论语》给出了答案。

> 颜渊季路侍。子曰："盍各言尔志？"子路曰："愿车马衣轻裘与朋友共，敝之而无憾。"颜渊曰："愿无伐善，无施劳。"子路曰："愿闻子之志。"子曰："老者安之，朋友信之，少者怀之。"
>
> ——《论语·公冶长》

这则经典对话让人眼前一亮，我们可以想象一下当时的教学情景。在一节关于人生理想的课堂上，孔子唯恐自己的学生保持沉默，就采取了启发式教学，问起弟子各自的理想。孔子的提问犹如一颗石子打动了弟子们平静的心，子路坦率地说："我愿意把我最好的车和马，最好的皮袍与朋友共享，即使用坏了也无所谓。"而颜回性格内向，应该

教学改革之路

是孔子弟子中"沉默层"一类的学生，他沉思了片刻，说："我希望不夸耀自己的长处，不表白自己的功绩。"他的理想之境界显然在子路之上，但孔子未置可否。于是，子路沉不住气问孔子的志向。孔子说："我愿意老人安心，朋友相互信任，青年人能得到关怀。"孔子没有限制学生的思维空间，只是给出一个半命题的口头作文题目，采用民主的教法，启迪学生思考，打破沉默，让"沉默层"的学生也能参与互动。在大家充分各抒己见之后，进行了有针对性的点评，即老人享受"孝"，朋友遵守"信"，青年都懂"礼"。

这样的教育境界在《论语》中时有出现："莫春者，春服既成，冠者五六人，童子六七人，浴乎沂，风乎舞雩，咏而归。"(《论语·先进》) 多美的教育场景啊！孔子没有因"以吾一日长乎尔"独霸课堂，而是与学生结伴同游，或与学生席地而论，或谈志向抱负，或述个人情怀，师生更多的是交流，让学生或充分展示，或大胆辩论，或发散思考，可以畅所欲言，无所顾忌。

对比自己的课堂，我找到了沉默现象的病根：课堂上还是缺乏真正的民主，学生对学科情感淡薄，缺乏学习的主动性，自然就无法实现师生和生生的互动交流。我试着把孔子的教育智慧运用到教学中去，果然收获了意料之外的教学效果。

一、激发学生热情，营造良好课堂氛围

子曰"不愤不启，不悱不发"，课堂上要采用民主的教法，启迪学生思考，让"沉默层"的学生也参与互动。因此，我也试着为小组讨论营造一种和谐民主、鼓励上进的课堂氛围，激发"沉默层"学生的自信心，使他们逐步走出沉默自卑、胆小怕事的阴影。

在平时小组讨论时，我会主动参与到各个小组的讨论中去，尤其会注意那些像颜回一样偏内向型的学生，看一看他们写的讨论过程，听一听他们的发言结果，及时地给予一定的表扬，使其形成小组讨论"我也行"的思想。同时，我会及时地对"沉默层"学生表现出来的思

想"亮点"，给予适当或放大的激励。通过情感上的沟通，他们会感受到老师的期望与关爱，进而产生参与小组讨论的良好愿望，并使之成为动力。在老师赞许的目光中，在老师激励的话语中，这些昔日的课堂"看客""旁观者"心中自信的种子逐渐被激活。

八年级一班的女生吴同学学习成绩中等，性格有点内向，不善于表达，一说话脸就红，在班里不显山不露水，课堂上是个十足的旁观者。在我多次鼓励后，她变得非常踊跃，课堂上积极发言，思维表达非常清晰，学习成绩也逐步提升。她在日记中是这样吐露心声的：我们小组竟然推举我担任小组发言人，每节课都让我代表小组发言，刚开始真有点难为情，可没想到，第一次发言就得到了那么热烈的掌声，得到了老师、同学的尊重，我的信心一下子就上来了。

二、设计具有情感性、趣味性的问题，激活"沉默层"

教学的艺术在于，如何恰当地提出问题和巧妙地引导学生作答。孔子在课堂上问弟子各自的理想，这就是一个颇具情感性、趣味性的问题。弟子们正处于青春年华，自然对"畅谈自己的人生理想"这样的问题特感兴趣，再加以孔子巧妙的引导，课堂气氛自然就活起来了。对比自己的日常教学，就显得缺乏问题意识。准备的课堂问题，有一些让大多数学生无从回答。这就要求教师要公平地为每一个层次的学生设计问题，尤其要让那些平时不爱回答问题的学生主动思考。那么什么样的问题最能点燃学生思考的火种呢？"感人心者，莫先乎情。"显然，带有情感性、趣味性的问题具有很强的魅力，更容易调动学生的积极性，使教学变得兴趣盎然，让学生喜闻乐答，从而使课堂充满活力。

三、设计具有思辨性的问题，激活"沉默层"

孔子在课堂上问起弟子各自的理想这一问题，也是一个具有开放性和思辨性的问题。有一千个读者，就有一千个哈姆雷特；同样，不同个性的同学，人生理想也就千差万别。利用学生认识上的撞击点或事物的矛盾性来创设问题情境，激发学生探究的兴趣，思考和争论的火花也将如燎原之火点亮课堂，使学生的表达欲望处于强烈的情境之中，在思维的撞击中迸发出智慧的火花。继而受课堂气氛的感染，"沉默层"学生也就于无形之中被调动起来了。比如，热烈而有序的小组讨论，容易彰显出理性的思维，智慧的交流。同时，也容易暴露出学生的思维过程和真实想法，给教师点拨提供了机会，使得学生的困惑在交流和互助中迎刃而解。

虽然在小组讨论合作学习的内容、形式与方法上，还有许多地方需要去完善，但我相信，只要给"沉默层"学生多一些鼓励，课堂上送去一缕阳光，激励他们扬起自信的风帆，我们的课堂教学定会焕发出生命活力，他们也一定能找到走向成功的阶梯！

咬住语言不放松，涵泳功夫兴味长

有些教师的语文课喜欢"红杏出墙"，为他人作"嫁裳"，把语文课上成了政治课、科学课。这些教师对语文课堂教学缺乏真情投入，对字词句篇缺乏深入揣摩，对语言之美缺乏细细品味，使语文课失去了独有的迷人氛围和独特风味。那么我们应如何重现语文课的迷人氛围和独特风味呢？

语文教师应当心无旁骛、专心致志地耕好自己的一亩三分地——回归语文教学，引导学生品味语言文字之美。语言是语文的根，语文的魂，语文的命。语言文字美是一种文学之美，也是一种感性之美。品味语言的最高目标是审美，提高审美鉴赏力和创造力，领略语言文学之美。那么我们如何玩味、感悟语言文学之美，以获取对其背后价值取向的感知和对人文精神的悦纳呢？

一、咬文嚼字，比较阅读

当代教育家朱光潜说："无论阅读或写作，我们必须有一字不肯放松的谨严。"朱先生所说的精神就是"咬"和"嚼"，就是对文字要仔细推敲。因此，在品味语言的过程中，我们要引导学生发扬这种钻研精神。

教学改革之路

变换词语，比较阅读。学习《秋天》（统编版小学语文教材一年级上册）一文时，我要求学生品读并指出最喜欢的诗句。一位学生说最喜欢"伐木声丁丁地飘出幽谷"。我适时质疑：能否将"飘"改为"传"？学生小组探究，得出结论："飘"字更能与"幽"字相吻合。我顺势追问：伐木声，毕竟只能听到而不能看到，你觉得用"飘"合理吗？学生细细比较，得出：这正是诗的语言，把听觉形象化为视觉，表现了声音的悠远、山谷的幽深，丁丁的伐木声、清晨的露珠、幽静的山谷组成了一幅清冷的秋声图，可产生一种奇妙的轻盈飘逸的意境。通过文字比较，学生领悟了诗歌的韵味，获得了审美享受。

教学《孔乙己》（部编版初中语文教材九年级下册）一课时，老师把"便排出九文大钱"和"他从破衣袋里摸出四文大钱"单独提出来，询问学生：同是拿钱，这两句话中的两个动词"排"和"摸"能不能互换？学生从孔乙己处境变化和心态变化进行了探究和品味，得出结论："排出九文大钱"的时候，孔乙己的生活还说得过去，"摸出四文大钱"的时候孔乙己已经走到穷途末路了。"排"准确地表现出孔乙己拮据而又穷酸、自我炫耀的心态，"摸"则是从口袋里往外"挖"，传神地表现出孔乙己凄凉无奈的窘境。通过比较，教师引导学生从词语本身的含义以及语言环境上进一步理解课文用词的准确性，体现出鲁迅高超的语言技巧。

变换句式，品味语言。教学《金色花》（部编版初中语文教材七年级上册）一课时，授课教师是这样引导学生品味语言的。先引导学生变换句式："你到哪里去了，你这坏孩子？"改为"你这坏孩子，你到哪里去了？""我不告诉你，妈妈。"改为"妈妈，我不告诉你。"然后引导学生品味，语句顺序调整前后的味道。学生小组探究，领悟到原作表述的精妙之处。"你到哪里去了"表述在前，有强调作用，使得妈妈的着急之情跃然纸上。"我不告诉你"表述在前，也有强调作用，使得孩子的天真顽皮、得意之态呼之欲出。句子顺序调整之后，语境和语义明显改变，无法将作者要表达的心境淋漓尽致地体现出来。教师接着顺势提问：如果将第一句句末的问号改为感叹号，第二句的句号改为感叹号，好不好？学生结合自己的生活体验，讨论得出结论：不能换。第一句的句末用问号，强调问"你到哪里去了"，改为感叹号，有明显的责怪之意。第二句的句末改为感叹号，变成一种强调式的态度，绝对不想让妈妈知道，这不符合孩子的心理。通过比较，学生准确地把握了人物形象，从字里行间领悟到语言的无穷魅力和韵味。

二、大胆想象，品味语言

生活处处皆学问，人情练达即文章。文章皆从生活中来，要使学生更好地走进文本、体悟语言，老师就要导引学生从文本走向生活，调动自己的生活体验，大胆想象，细细品味。

教学《春》（部编版初中语文教材七年级上册）一课时，授课教师是这样引导学生从生活体验出发，多角度品味作者对春风的描写的。

生1：首句把春风比作母亲的手，用了比喻的修辞手法，生动地写出了春风温暖柔和的特点。

师：你被母亲的手抚摸过吗？

生1：抚摸过。

师：请说说在什么时候？有什么感觉？

生1：前天感冒了，妈妈就用手轻轻抚摸我的额头，轻轻的、柔柔的、暖洋洋的，舒服极了。

师：有人把春风比作魔鬼的手，可以吗？

生1：绝对不行。因为春风和母亲的手一样，都是暖暖的、柔柔的。

师：回答得真好。请你读读这一句，描述出你被抚摸时的感受好吗？

生1声情并茂地读，读出了轻柔、温暖的感觉。

授课老师立足文本，激发出学生已有的生活体验，让学生深切体会出语言美，进入了作者创造的美的境界中。

三、灵活多变，品味语境

"字不离词，词不离句，句不离篇"，这话已成为理解语言的口头禅，也成为理解语言的一大原则。离开语境，望文生义，机械理解，哪怕某些词语是字典词典的解释，也会出现误差，甚至会闹出笑话。因此，教师在语文教学中一定要教会学生理解字、词、句的语境义，品味具体语言环境下的感情色彩、深层含义、言外之意和意外之境，领悟出汉语的丰富性、灵活性和多义性。

《背影》（部编版初中语文教材八年级上册）一文中，有这样一个句子："唉，我现在想想，那时真是太聪明了。"作者难道是真的赞美自己智商高吗？有学生提出疑问。教师顺势引导，结合具体的语言环境，学生不难体会出作者成年之后，终于真正体会出父亲对自己的真情，作者是在责怪自己当时太自作聪明了。显然，"聪明"这个词在这里已经含有贬义，是作者的一种自嘲。

《藤野先生》（部编版初中语文教材八年级上册）一文中，作者遭受了所谓"爱国青年"的凌辱后，有这样一句议论的话："中国是弱国，所以中国人当然是低能儿，分数在六十分以上，便不是自己的能力了：也无怪他们疑惑。"如果不联系上下文，人们就会有这样的认识误区，作者真的承认自己是低能儿。其实我们紧扣语言环境，不难领悟出："中国是弱国"和"中国人当然是低能儿"本无因果关系，作者的深层含义是揭露这种谬论的荒唐可笑。结合文中语境，可以理解，这是作者的愤激之语，表现了作者遭受凌辱后的愤慨和辛酸。

四、大胆探究，质疑品味

学习先要学会疑。"在可疑而不疑者，不曾学，学则须疑。"（《经学理窟·学大原下》）教师在引导学生品味语言的过程中，要培养学生的个性和批判精神，敢于大胆质疑。在正确把握文本价值取向的前提下，鼓励学生对文本有不同的解读，找出教材中的瑕疵，各抒己见，畅所欲言，哪怕不够准确、不够完美，教师也要积极给予肯定，保护学生的个性阅读。

《曹刿论战》（部编版初中语文教材九年级下册）中有这样一句话："下视其辙，登视而望之，曰：'可矣。'"在质疑问难环节中，有学生提出："下视其辙"一句标点不够确切，应改为：下，视其辙。这位学生对语言是非常敏感的，还说出了自己的理由："下视其辙"容易引起误读，可能是往下看车辙，也可能下车看齐军的车辙，而要看得更仔细，表述得更明确，只能是下车看车辙。所以，为了避免歧义，应当改为：下，视其辙。

学习《爱莲说》（部编版初中语文教材七年级上册）后，在质疑环节中，有同学对教材注释中"独"字的解释进行了质疑。"独"在教材注释中解释为"仅、只"，根据这一解释，"晋陶渊明独爱菊"就是"晋朝的陶渊明只爱菊花了"。这位学生提出了自己的质疑：一是陶渊明并非只喜爱菊花，有诗为证"榆柳荫后檐，桃李罗堂前""蔷薇叶已抽，秋兰气当馥""幽兰生前庭，含薰待清风"，这些诗句表明陶渊明对桃花、李花、兰花也是很喜爱的。二是"独"一般有这样几个含义：单独；特别、独特；仅、只。所以，根据课文语境，把"独"解释为"特别"也是讲得通的。因此，教材中对"独"的解释并不准确。可见，对教材语言的质疑和品味，提高了学生对语言的灵敏度，培养了学生的批判和探究精神。

语文是美的，它有着美的情感、美的意境、美的形象。教师要引领学生品悟语文之美，就必须从语言入手，咬文嚼字，反复推敲，调动起学生生活体验，引领学生进入具体的语境，鼓励他们大胆质疑、反复涵泳，培养出他们对语言文字的敏感性。如此，语文课就会从浮华走向实在，从浅薄走向深入，从枯燥无味走向意味深长；学生就会从品味语言发展到获得言语智慧。

语文阅读教学"三戒"

一、戒"一盘散沙"

用两字来评价沈老师执教的《孔乙己》（部编版初中语文教材九年级上册）一课：新、巧。新在切入点与众不同，沈老师以文中一句"我到现在终于没有见——大约孔乙己的确死了"为切入点，探究孔乙己的独特形象。这节课不枝不蔓，如行云流水，既简化了教学过程，又突出了教学中心，给学生留足了空间展开教学对话。

对比自己教学这节课，差别一目了然。授课时，我总希望知识点、三维目标都要落实，结果总是顾此失彼，功亏一篑。我也希望自己辛辛苦苦备的课，能在课堂上尽情地讲述出来，挥洒自己的才能，却没有注意学生总是游离于教学对话之外。

其实，一节课没有必要承担太多的东西，也不可能完成所有的教学任务。上好一节课的前提是找准每节课的切入点。找准切入点的前提是教师要深入文本，这依赖于教师自身的语文素质。

这就像庖丁解牛。庖丁游刃有余，所到之处总是迎刃而解。其实，庖丁解牛有三个前提：一是庖丁总能找到一个最恰当的地方亮出自己的第一刀；二是庖丁目有全牛，目标明确；三是庖丁是一个高素养的屠夫。

怎样找准教学的切入点？有老师指出，切入点就是找出自己最感动的东西，或是重视自己最初的阅读体验。这句话一语中的，我深受启发。但我也有自己的认识：第一种方法只能针对叙事抒情性的内容。第二种方法过于笼统。所以，我想补充一下，切入点可以是：一篇课文中学生最需要老师指点讲解的地方，可以是学生如果不深入领悟、反复品味就不能用语言来准确表达的地方，可以是从文体角度出发最能体现文体特征的地方。

找准切入点，就可以突破教学，以点带面。沈老师的切入点就非常到位，"大约孔乙己的确死了"，貌似矛盾，令人费解，但从学生的认知角度出发，如果没有老师的点拨，学生确实会不知所云。

二、戒"盲人摸象"

孙子云：知彼知己，百战不殆。教学中，彼是文本，彼是学生。正确的教学策略：一是研究文本，二是研究学生，更重要的是研究学生。

学生是学习的主体，"教"为学生的"学"服务。教学理念应该深入到教师灵魂中，成为教师的血肉，成为教学中一种自觉的行为。

但是我们常常遗憾地看到：教学的主线还是讲，"老师问、学生答"是师生间对话的常见方式，教师的讲还具有一定的盲目性，学生不能理解的老师讲了，学生能理解的老师还讲。学生质疑，只是课堂教学的一种点缀。这种盲人摸象式的教学，容易打击学生阅读的积极性，降低学习效率。

因此，研究学生是当务之急，但研究教学文本也必不可少。教学中，教师一要从学生的认知水平、认知规律出发，研究教学文本，研究哪些内容学生能掌握，哪些一知半解，哪些有困难，要做到心中有数。二要从听、说、读、写四种能力训练看，所教内容哪些学生可以不练，哪些学生要重点练。三要弄清课堂教学中，学生哪些表现会和

教学改革之路

老师预想的相同，哪些不同。不同的需要老师做好哪些准备，需要哪些应急策略。

相反，学生和老师一样，也需要在老师讲之前研究教学文本，做好质疑的准备。这便是课堂的第一环节。

课堂的第二环节是师生进行第一次思维碰撞。学生由读而疑，由疑而问。教师由观察学生到体悟学生的疑，再由此微调学习目标，确立阅读教学的切入点。阅读教学是人本对话，也是师生交流。而师生交流绝非只是老师问学生答，也可以是学生问老师答。当然，可以以师问生答为主，但一定要留给学生足够的话语空间。其实，教学过程中多讲是必要的，但讲的一定要是学生需要听的。

反思自己的阅读教学，有两点需要注意：一是不放心学生，以自己的讲代替学生的读和悟，把学生的思维纳入自己预先设计的圈套；二是缺乏教学智慧，怕出现教学意外而不好收场。因此，要想提高教学效果，务必备好教学文本、备好学生。

三、戒"华而不实"

课堂阅读教学需要真功夫，而非花拳绣腿。花拳绣腿虽好看，抓面子，但不实用。就像《水浒传》里写的，花拳绣腿的洪教头遇见了真功夫的林冲，只三个回合就原形毕露。

《诗经二首》（部编版初中语文教材八年级下册）的教学案例中，有个吟唱环节，就是学生在悠扬高雅的古乐中吟唱课文，学生唱得很投入，也很美，确实让听课的老师感受到了很诗意的生活，但又给人一种虚假的感觉。学生表现得太完美，所以我们可以想象：为了这个完美的表演，学生不知在课下排演了多长时间。我们不禁惋惜：学生这个完美的表演，有没有真正走进文本，领悟《诗经》所表现的现实主义精神和赋、比、兴的优秀文化传统？教学事实告诉我们，授课教师对此几乎没有涉及。赋、比、兴应该是课堂教学的切入点，课堂教学的主线。但是我们一点没有看到。为什么呢？因为课堂上单纯地讲理论知识就不热闹了，就不出彩了。在这一堂课里，学生的"主体性"表现出来了，却只不过是教师表演的工具。

语文课是语言课，它应当把训练学生的语言敏感、表达能力作为宗旨，而赋、比、兴正是我们表达思想感情最古老也是最传统的语言表达方式。语文课不是表演课，但也不排斥表演，前提是：表演要有助于学生对文本的探究，有利于活跃课堂气氛，使学生可以更好地走进文本。因此，语文课上表演，不能喧宾夺主，剥夺学生对文本探究的时间和权利。

我想，语文课堂上的吟唱表演可以用下列方式进行：教师吟唱示范，增进学生对文本思想感情的把握；也可以由学生以自己的方式吟唱，表达学生对文本感情的理解。这样的表演可能不太好看，学生的吟唱可能南腔北调，但这是学生心灵流露出的天籁之音，是学生自己对文本个性化的解读。

教学是遗憾的艺术。也许只有遗憾的课堂才是真正的教学，而完美的课堂只能是一种表演。

语文教学探究活动的切入点

探究性教学是培养学生探索精神，提高语言表达能力、审美思维能力和创新能力的重要方式，而实施探究活动的关键在于探究内容的恰当切入。教师要珍视学生的独特理解、感受和体验，依据教材内容和学生思维特点，找准教学的突破口，恰当地创设学生能"跳起来摘苹果"的问题情境，使他们处于一种"心求通而未得，口欲言而未能"的状态，从而激起创造思维的火花，产生思维的飞跃，使学生的聪明才智发挥得淋漓尽致。

一、从学生有争议的问题切入

激活学生思维的有效途径是引发学生对问题的争议。争议是学生思维参与活动、认知发生冲突的结果，也是探究和发现的前提。一堂好的语文课，应该是在不断引发学生的认知冲突中求得问题的解决和思维的优化。教师应该结合教学内容创设相关的教学情境，引发学生对同一问题的不同认识，揭示问题的本质。

在教学《鱼我所欲也》（部编版初中语文教材九年级下册）一文时，正分析文中的一个事例论据——齐人宁愿饿死也不食"嗟来之食"，突然一个女生"扑哧"笑了一声，我问怎么回事，该女生告诉我她的同桌说齐人是"傻帽"。我灵机一动，意识到这是一个激起学生思维火花的机会。于是，我临时改变教学计划，以"齐人是'傻帽'吗?"为话题开了一场辩论会。这样调整教学计划，真是正中学生下怀，他们先是小声讨论，然后是摩拳擦掌，跃跃欲试，最后争得面红耳赤。下面是几位同学精彩的辩论:

反方 A：俗话说"留得青山在，不怕没柴烧"。人格固然重要，但这种人格要建立在有生命的前提下。越王勾践与吴王夫差交战，战败后沦为夫差的仆役，但他卧薪尝胆，积蓄力量，最终复国。如果没有他的苟且偷生，又怎么能有中国历史上的这一千古佳话?（教师后来指出"千古佳话"用词不妥）

正方 B：嗟来之食是一种侮辱性的施舍，齐人的做法令人敬佩，但尊严、人格是人的第二生命。文天祥为维护民族气节、国家尊严，宁死也不向元军投降，他这种伟大精神千古传颂，有谁认为他的表现是"傻帽"呢?

反方 C：尊严、人格是人的第二生命，但毕竟是第二，不是第一。一个人只要活着，就意味着还有机会，还能重新开始。人只有活着，才能证明自己的才能。韩信曾受胯下之辱，但他后来成为一代名将，谁又看不起他呢?

正方 D：中华民族几千年来儒家思想占主导地位，儒家主张舍生取义，杀身成仁。但随着社会的发展，文化交流的加强，这种思想受到一些冲击。据说，西方参战国士兵的口袋里会装着一张小纸条，在遇到生命危险时可以展示给对方，上面写着"我投降，请不要杀我"。尊重生命和维护人格都没有错，应具体情况具体对待。

第斯多惠说过：教学的艺术不在于传授的本领，而在于激励、唤醒、鼓舞。教师要把教材内容巧妙地转化为具有较大争议性的问题，引起学生的认知冲突，激活学生的思维，激发他们学习的主动性、创造性。这是一场随机的辩论，虽然没办法给学生一个标准答案，但是激发了他们一个个富有个性、稚嫩但不乏创造性的思维火花，使他们学会了思考，提高了思辨能力。因此，课堂教学中，教师要善于引导

教学改革之路

学生去发现文章中矛盾的焦点，让学生用自己的观点去审视、去质疑、去生出问题。因此，问题是思维的起点，但答案不应该成为思维的终点。

教材中引发学生争议的问题很多，如《愚公移山》（部编版初中语文教材八年级上册）中"移山好还是搬家好"等。教师要善于挖掘这些教学资源，培养学生的思辨力和创造力。

二、从学生体验较深的生活实际切入

新课程注重过程，注重体验，关注学生情感、态度、价值观的发展。在内容设置上，新教材中语文的含义丰富了，外延扩大了。生活有多宽广，语文就有多广阔。一个提示、一个问题，就是千里之行的一小步，生活的广阔天地有无限风光在召唤学生。在教学方法上，教师要注意发展、引导学生的内心体验，使学生沉浸其中，萌发主动获取知识的心理，以自己的生活经验为基础进行探究。

《敬业与乐业》（部编版初中语文教材九年级上册）是梁启超先生的一篇演讲，非常有利于学生理性思维的培养，但是文中所引事例多与学生的年龄、阅历有一定的距离，学生理解起来肯定有隔膜。怎么办？如果把学习当作一种特殊职业，让学生从自己对这一特殊职业的种种态度，联系自己学习中的各种体验，对文章进行探究，不是更能激发起学生的兴趣，化难为易吗？

课始，先要求学生画出自己深有感触的句子，并结合自己的学习体验去探究。学生非常兴奋，阅读之后，觉得有话说了，思路也打开了。十分钟后，学生纷纷发言，说出自己的体验。

学生A：我总抱怨学习很累，但第八段的几个反问句把我说服了，原来只要人生在世，就没有不苦不累的，"凡职业都是有趣味的，只要你肯继续做下去，趣味自然会发生"（梁启超）。我之所以感受不到学习的乐趣，我想主要是我不够努力，总想应付。

学生B：作者说，"怎样才能把一种劳作做到圆满呢？唯一的秘诀就是忠实"。我现在终于知道为什么我的学习总是做不到最好，因为我没有忠于它，而是经常在学习时分心到别的事情上，更没有那种愧疚感。

学生C：作者说，"每一职业之成就，离不了奋斗；一步一步地奋斗前去，从刻苦中得快乐，快乐的分量加增"，我对此有切身的体验。上学期我各学科亮了红灯，老师的教育、父母的批评，使我有所触动，此后我发愤苦读，现在功课赶上来了，我也体味到了学习的乐趣。

事实证明，最好的教育应当是落实到学生的心里，和学生的心灵形成共振、共鸣。课堂教学中，教师要善于捕捉沟通学生心灵的契机，让学生的生活体验和课文内容紧密契合，使学生在体验中有一种大彻大悟之感。如此，这样的体会才更深刻，记忆才更牢固。

三、从教材的瑕疵点切入

学习者先要会疑。"在可疑而不疑者，不曾学；学则须疑。"教师在引导学生探究学习过程中，要向学生灌输"我爱吾师，我更爱真理"的理念，培养学生大胆怀疑的精神。创新来源于个性，来源于多样性。在正确把握文本价值取向的前提下，教师要鼓励学生对文本有不同的解读，培养他们的批判意识，对教材提出自己的不同见解，找到课文中的瑕疵点，哪怕不够准确，教师也要给予积极的肯定，保护学生的怀疑精神。

进行课外阅读《死海不死》时，有学生写了一段文评："本文引用的神话和传说，虽然增添了不少趣味，也使语言生动，但却用了大量的笔墨来记叙神话和传说，有喧宾夺主之嫌，应当是文章的败笔。"还有的同学课外读贾平凹的《丑石》时，不赞同作者的见解，写了一篇短文《丑到极处就真的美吗》。

这些独特的见解，甚至对课文批判性的见解，不是空中楼阁，而是有理有据，可以自圆其说。学生批判性的探究，不仅培养了学生的怀疑精神，而且使他们增强了自信，提高了比较观察、辨析总结的能力。

教学改革之路

四、从纵横结合上切入

纵横结合是从纵向、横向两方面进行问题探究，从而获取知识的方法。纵向探究是围绕知识点进行纵向关系上的探讨，以考查知识点所涉及的知识在不同背景下的表现形式。横向探究是在同一平面上学习的深度和思维的深入，教师传授的是一个个"知识点"或"技能点"，学生的思考探究始终借助这个点来进行，而这个点实际上是学生思维的出发点。每篇课文既是一个相对独立的整体，又和其他课文，甚至其他学科有着千丝万缕的联系。教师要善于引导学生将各种知识纵横联结、穿针引线、扩展思路，梳理成为一篇篇的探究小论文。《曹刿论战》（部编版初中语文教材九年级下册）关于战争的论述是全文的核心，"小大之狱，虽不能察，必以情"表现出取信于民的民本思想，这种朴素思想是古代民本思想的精华，至今仍闪耀着光芒。学完本课后，引导学生抓住"民本思想"这一红线，写一篇以"古代作品中的民本思想"为题的小论文，探究古代作品中的思想精华。学生的小论文纵横联结，把本教材中蕴含的民本思想基本上都挖掘出来了，如孟子"民为贵，君为轻"的轻君重民思想，范仲淹《岳阳楼记》（部编版初中语文教材九年级上册）中"先天下之忧而忧，后天下之乐而乐"的政治抱负，欧阳修《醉翁亭记》（部编版初中语文教材九年级上册）中的"与民同乐"，苏轼"但愿人长久，千里共婵娟"的精神境界，全部包罗其中。这种专题探究性活动，一方面可以向学生渗透人文思想，培养学生的人文精神；另一方面，教师面对部分学生表达苍白、见解乏力的现状，可以有所作为，也可以借此引导学生对纷繁复杂的社会生活现象做出有一定思想深度的评价。

五、从转换视角、放飞学生想象的羽翅切入

变换视角，让学生耳目一新，引导学生探究。一是人称的转换，

如改写散文《老王》（部编版初中语文教材七年级下册），把老王从第三人称改为第一人称，让老王直接出场，给我送香油、鸡蛋。二是时空的转换，如以《孔乙己到曲阜》为题探究。三是中心人物的转换，将《我的叔叔于勒》（部编版初中语文教材九年级上册）中的主人公改换为于勒，探究他从穷光蛋到发财又沦为穷光蛋的人生遭遇。视角的转换可引发学生探究的兴趣，学生踊跃讨论，大胆想象，从而写出精彩纷呈的好文章。

教师要引导学生在探究过程中找到恰当的切入点，达到深入思考和大彻大悟的境界，从而得到启迪、汲取经验，获得科学思维方法和技巧技能的训练。但这毕竟是教师指导下的定向探究，学生还要从定向探究逐步向自由探究过渡，而过渡的关键在于教师指导学生找到探究学习的突破口。学生方法掌握了，达到熟能生巧的程度后，教师就要逐步放手，扩大学生自主探究的权利，让他们自行确定阅读目标，自己找到探究突破口，这时他们就进入自由探究阶段了。

教学改革之路

挖掘美学因素，渗透审美教育

新课标中，语文教学要"培养高尚的审美情趣和一定的审美能力"被鲜明地提出来。因此，教师要在语文教学中渗透审美教育，以提高学生的审美情趣，培养审美能力。或许，审美教育作为语文教学新的突破口，是一个新的亮点，它将打开语文教学的一片新天地。

中学语文课本可以说是一个"美"的宝库，其内容包罗万象、美不胜收。从鲜艳夺目的自然美、感人至深的人格美到目不暇接的艺术美，生动优美的语言展现出丰富多彩的大千世界。一篇篇短小精美的课文，是一道道精神的美味，让人尽情享受；是一幅幅优美的图画，让人流连忘返；是一首首优美的旋律，让人心驰神荡。下面，我们不妨走进课本这样一个"美"的世界。

一、欣赏自然美，造就一双善于发现"美"的眼睛

自然美就是现实生活中自然物的美。朱自清的《春》（部编版初中语文教材七年级上册）是一篇写春的精美散文，不知拨动过多少人的心弦。春的美景、气息、声响，都通过作者的生花妙笔表现出来。学习春风图，就要引导学生抓住关键的词语：如"母亲的手"和"抚摸"两个拟人化的词，令人觉得温馨而舒坦；"泥土的气息""青草味"，给

人以嗅觉上的美感；"清脆""宛转""短笛""嘹亮"，使人感到耳畔似乎响起一支充满青春活力的迎春交响曲。如此精美的语言把学生带进一个富有创造力的春天世界，唤起了学生追求美好未来的强烈感情。老舍的《济南的冬天》（部编版初中语文教材七年级上册），同样是一篇诗意盎然的写景散文。老舍对济南的山山水水一往情深，在他眼中，冬天的济南一切都是美的，一切都是可爱的。但要走进"济南的冬天"那片美的天地，方法似乎与《春》不同。走进《春》需要调动视觉、听觉、味觉、触觉、嗅觉，多方位、多角度去感触江南春天美景、气息和声响。而走进济南的冬天，则需要展开想象的翅膀。感受济南阳光下的山，要想象小山是一个充满温情的人；感受雪后的小山，要想象成她是一个秀气、羞涩的小姑娘；感受雪后山坡上的小村庄，要想象成一幅水墨画。

语文教学中，教师要明确"大语文"的概念，让语文课走向大自然，引导学生去发现美、捕捉美、创造美。要发现美，就要给学生一双慧眼。先调动起学生的各种感觉器官，让他们多方位、多角度去感受大自然的美。通过视觉，把握大自然的色彩美、线条美、形状美；通过听觉，感受大自然的声音美、节奏美、韵律美；甚至用味觉品尝味道，嗅觉感受气味，触觉感受质地；还可以调动起第六感官——直觉。这样，在客观存在的美的事物的反复刺激下，学生的五官产生了"在一定事物或现象影响下体验审美快感的能力"，这种能力使得他们只要看见美物、听见美声，就能观照到"美"，就能不假思索地产生美感。

二、品味人物美，塑造美的人格，陶冶美的人情

人物美是社会美的中心。我认为人物美有两个层次：一是人格美，二是人情美。

人格美是人自身所表现出的高尚品格和才智。比如艰苦卓绝的斗争、坚韧不拔的追求、无私的奉献、英勇的牺牲，又比如精神的升华、

人格的净化、智慧的闪光、生命的燃烧等。

《屈原（节选）》（部编版初中语文教材九年级下册）一课中，屈原以高冠长剑、雄奇古朴的外表和忧国忧民、献身真理的心灵的和谐统一，形成了人格俊洁之美。臧克家《有的人》中"俯下身子给人民当牛马"，刻画出其鞠躬尽瘁为人民的崇高形象；"情愿作野草，等着地下的火烧"，又表现出其无畏的牺牲精神、"无我"的人生境界。杜甫《茅屋为秋风所破歌》（部编版初中语文教材八年级下册）所表露的"安得广厦千万间，大庇天下寒士俱欢颜"的博大情怀，产生了令人震撼的精神力量，无不让人仰之弥高（《论语·子罕》），油然而生"高山仰止，景行行止"（《诗·小雅·车辖》）之情。面对这些人物，我们像面对拔地摩天或是横无际涯的崇山大海，惊服、赞叹、敬畏、感动，几至不可仰视。这种"仰视"正是对其人格美的一种审美反应。这种审美反应，会使学生产生一种回肠荡气之感，净化他们的心灵，使其精神得以升华。

人情美也是我们语文教学中应该挖掘的重要因素；也许，人情美不像人格美，显得那样崇高、伟大，但它来源普通人的日常生活，闪烁着一种朴实的、温情的人性美，更便于学习、接受和模仿。小说《麦琪的礼物》揭示出人性中美好的一面，歌颂了美好的爱情。教师不难引导学生悟出一个生活哲理：尊重他人的爱，学会去爱他人，是人类文明的一个重要表现。《散步》（部编版初中语文教材七年级上册）中写一家人一起散步，本是很平常的事情，但是一滴露水反映出太阳的光辉。奶奶疼爱孩子，"我"体贴母亲，无不体现出浓浓的亲情。刘白羽《白蝴蝶之恋》写一只受伤的小蝴蝶在作者的心中所引起的感情的涟漪，表达了对美而孱弱的事物的同情、怜悯，是对生命的关怀。教师在教学中要引导学生有意识地去挖掘人性中的善的天性，学会发自内心地去爱亲人、尊重人，学会去设身处地体贴人、理解人，培养出一种悲天悯人、与人为善的情怀。

当然，我们也可以从反面引导学生认识假、恶、丑。法国文学家雨果曾讲"丑就在美的旁边，畸形靠近着优美"。这些"丑"不妨也可以看作"审美对象"。从正确的观点出发"审丑",对"丑"进行揭露、鞭挞、批判,从而激起对"假"的痛恨,对"恶"的嘲讽,对"丑"的否定,真正地去认识、追求真善美。如《范进中举》(部编版初中语文教材九年级上册)中的胡屠户,《我的叔叔于勒》(部编版初中语文教材九年级上册)中的菲利普夫妇都具有善变的特征,都是"丑"的典型。胡屠户前倨后恭的丑态变化,趋炎附势的流氓习性;菲利普夫妇自私、冷酷、唯利是图的性格,无不引起学生对假、恶、丑的痛恨,使他们真正全面地认识生活。

三、领略艺术美,提高学生的文化修养和艺术品位

艺术美是指艺术作品的美。黑格尔说,艺术高于自然,因为艺术美是由心灵产生和再现的美,心灵和它的产品比自然和它的现象高多少,艺术美也就比自然美高多少。黑格尔的话有偏颇之处,但他确实看出了艺术美优于自然美的地方。

语文教材中许多课文就是文质兼美的文学艺术作品。文学作品分为诗歌、散文、小说、戏剧等,不同体裁的文章各有其独特的美。诗歌偏重抒情言志,承担着丰富和美化精神生活的使命。如郭沫若的《静夜》,把淡淡的月光笼罩下的夜色描写得那么静穆,那么美,一缕热爱生命、追求美好人生的情思就会悄然涌上学生心头。学习诗歌,教师要引导学生去把握诗歌的情思美、意象美和韵律美。散文的独特美在于能够让我们通过一个十分精粹、亲切的形式,领略作者对人生或自然的感悟。这种感悟就是对事物特殊意义和美质的发现。掂量《枣核》中的几颗枣核,可以让学生感悟到"依恋故土"的美好民族感情。品尝《荔枝蜜》,可以让学生认识像蜜蜂一样创造美好生活、无私奉献的劳动人民。学习散文,教师要善于引导学生去体味美的情愫、美的意境、美的结构——行云流水般的自然之节奏。学习小说,教师要善于引导学生把握小说中光彩照人的人物美,波澜起伏的情节美,精致入微的环境美。戏剧是一种综合的舞台艺术,学习戏剧时教师要

教学改革之路

引导学生把握戏剧的舞台美、语言美、人物的个性美等。课本中的其他非艺术作品也蕴藏着丰富的美学因素，如议论文的逻辑严密的美、说明文的准确朴实的美、应用文的规范美等。

语文是人类文化的重要组成部分，因此，教材中必然反映了人类文化生活，如戏剧、舞蹈、音乐、影视、雕塑、建筑、工艺等，其中蕴含着斑斓多彩的美学因素。教师要引导学生在理解课文的基础上，联系自己的生活体验，理解作家对艺术的体验和感悟，以及由此生发的对人生的思考和认识，从而提高自己的文化修养。冰心的《观舞记》，描写卡拉玛姐妹翩翩起舞，那飞动的美、轻盈的舞姿、美妙的旋律、娇媚的装扮，把异国风情形象地展现在我们面前，给人以美的享受，使学生体味出生命与心灵的跃动和狂欢。刘鹗的《绝唱》，女艺人的演唱技巧和艺术魅力使学生产生了一种美的享受。丰子恺的《竹影》，写几个小伙伴借着月光画竹影，竟然有几分中国画的意味。也许，艺术和美就蕴含在孩子的童稚活动中。学习这些课文，教师要引导学生由此去体验生活，如用泥巴造城堡，用雪堆雪人，用野花编花环……

蔡元培先生说过："美育者，应用美学之理论于教育，以陶养感情为目的者也。"（高平叔编《蔡元培教育论著选》）因此，语文教学应按照审美的思路去教学，以美的景象去感染学生，以美的人格去塑造学生，以美的艺术去熏陶学生，发扬真善美。

中考语文新亮点之民俗文化

民俗文化是传统文化的重要组成部分，包含着深刻的历史意蕴美，浸透着淳朴的风土人情美，蕴藏着丰富的语言文化美。民俗文化的考点内容在过去的中考语文中很少涉及，偶尔出现在语言运用中。但是，随着传统文化备受青睐，民俗文化的内容也在中考中占有了一席之地。2018年，民俗文化正式走进中考语文试卷中。这是一个新的起点，这种尝试可扭转中学生盲目崇拜外来文化、过洋节的风气，使学生在立足于传统文化的基础上，关注现实文化生活。

民俗文化作为一种新的考查形式，考生在中考中存在着不适应、得分率偏低的现象。下面以几道中考题为例，剖析考查要点和出错原因。

例一：为传承民族文化，增强民族凝聚力，国务院办公厅决定，从2008年开始，将清明、端午、中秋等传统节日调整为法定节假日。请以其中一个节日为题写一段话。要求：引用相关诗句；写出有关的习俗及内涵；语言简明连贯，字数80字左右。

考查要点：此题涉及传统节日话题，把视角转向了节日习俗及形成原因，让学生搜集节日有关的诗词，强调其蕴含的历史文化。

失误指津：

①考生对当地风俗习焉不察、熟视无睹，或者了解当地习俗，却因为历史知识的贫乏和对生活的不够关注而不能准确探源。

②平时学习没有很好地积累古诗文和现代诗文。

③语言表达不够精练准确。

答案示例："清明时节雨纷纷，路上行人欲断魂"，描述的是清明节。相传这是一个为纪念介子推而设立的节日，按传统习俗，这一日禁生烟火，只吃冷食，祭祀先人，以表达对故土、祖先的眷恋和追思。

例二：《滨海晚报》报社将组织中学文学社社员进行"母亲河溯源"活动，沿着家乡的青龙河上溯考察采访，了解家乡的自然环境、民俗文化。你很想参加这次活动，请填写报名表中的下面3项内容。

①用形象生动的语言表达你报名参加这次活动的愿望。（必须用一种修辞手法）

②为这次活动设计一条宣传语。（必须用两个句式大致整齐的句子，20字以内）

③对这次活动的具体安排提出两条建议。

考查要点：此题设题难度并不大。三个考点都应扣住探寻家乡民俗文化的内涵和意义来答。民俗文化的内涵：风土人情、地理环境、历史故事、神话传说、方言俚语、节日起源等。探寻民俗文化的意义：一是了解家乡自然环境，体会家乡风光美；二是探寻家乡历史文化，挖掘丰富的历史意蕴美；三是考察风土人情，体悟家乡的人情美；四是寻访方言民歌，展现家乡丰富多彩的语言文化美。

失误指津：

①对探寻民俗文化的内涵和意义不甚清楚。

②不能恰当地使用修辞手法。

③平时不注意锤炼自己的语言，不注意培养自己的分析概括能力和策划能力，思维不活跃。

答案示例：

①我是青龙河畔的一棵小树，渴望把根深深扎在家乡丰饶的土地上，汲取家乡的文化乳汁。请允许我参加"母亲河溯源"活动吧。

②追溯青龙源头活水，探寻家乡历史文化。

③多走访青龙河沿岸历史悠久的村落，注意搜集整理失散的历史资料。

例三：春节是我国民间最隆重、最热闹的传统节日。每当此时，瓯越大地到处张灯结彩，竹报平安，迎春接福。让我们走进春节，看一看家乡"过年"的习俗吧！

[过新春] 正月初一早餐，温州人喜欢吃年糕，寓含"年年高"之意，也有喜欢吃汤圆的，寓含（1）之意；有些地方，人们还喜欢吃粽子，据说吃粽子有两种含义：一是因为"粽"和"中"音近，取"功名得中"之意；二是因为"粽"和"宗"音近，取（2）之意。

[写春联] 下面是一副鼠年的春联，请从"嚣、响、喧"中选择一个字填入这副对联的空缺处，使之对仗工整。

子夜鼠欢爆竹乐，门庭燕舞笑声（　　　）

[话春节] 随着时代发展，生活水平的提高，温州人过年的习俗悄悄发生了变化，有的人选择发短信表示新年的祝福，也有的选择外出旅游欢度春节……但是，打"开门炮"辞旧迎新，带上礼品走亲访友，舞龙灯、闹元宵等传统习俗一直保留不变。你知道温州人为什么保留这些传统习俗吗？谈谈你的看法。

考查要点：

[过新春][话春节] 都涉及节日某些仪式、禁忌的内涵，节日的某些仪式和禁忌可能表现着对祖先的追思，寄托着某种良好的愿望和美好感情。学生不难从"年糕"寓含"年年高"之意体悟出通过"谐音"寄寓美好感情的风俗。用同样的方法，学生很容易体会出"圆"

寓含"团圆"之意，"粽"寓含"怀念祖宗"之意。

［写春联］涉及"练"字。

失误指津：

①考生往往不能了解古人通过"谐音"表达美好祝愿的风俗。

②不能准确"练"字，找出相似词语的细微差别。"嚣"含有杂乱之意，"响"只表示单纯的声响，只有"喧"字准确传达出春节"欢乐沸腾"的效果。

答案示例：

［过春节］团圆 怀念（敬重）祖宗

［写春联］喧

［话春节］保留传统过年习俗，是为了表达人们良好祝愿和美好情感，同时也是为了继承民间悠久的文化传统。

那么学生应如何应对这种试题呢？

一是向生活学习，生活是最好的老师。世事洞明皆学问，人情练达即文章。生活中，可以搜集有关节日的传说、故事，查阅地方志，实地考察，向身边的亲友访问，对材料进行整理。通过节日探源，挖掘深刻的历史意蕴。在和亲人欢度节日的时候，也可以和家人一起探究节日的某些仪式，是不是表现了对祖先的追思，寄托着哪些美好祝愿，节日礼品怎样体现了血脉亲情，怎样增进了和谐的人际关系。生活中多问几个为什么，学会查资料，学会作笔记，此种类型的题就不难回答。

二是平时学习中要善于积累古诗文、现代诗文、俗语、谚语、名言警句、文学文化常识，以及山川名胜、风土人情等方面的知识。比如，有关节日话题的诗文，课本中都有涉及，如写春节的有"爆竹声中一岁除，春风送暖入屠苏"，写元宵的有"火树银花合，星桥铁锁开"；写清明的有"清明时节雨纷纷，路上行人欲断魂"，"燕子来时新社，梨花落后清明"；写中秋的有"今夜月明人尽望，不知秋思落谁家"；写重阳节的有"待到重阳日，还来就菊花"，"独在异乡为异客，每逢佳节倍思亲"等。中考复习时，就可以紧扣课本分门别类进行分项整理。学好了课本，激活了课本，中考时就会运用自如。

三是灵活运用其他学科知识，融会贯通。民俗文化的知识，在历史、地理、政治学科都有所涉及，尤其是历史和地方教材。中考复习时可以有意识地纵横联系，交叉分析，做到有备无患。

教学改革之路

且把金针度与人

语文课不仅要抓住文本的核心价值，更要抓住文本的语文核心价值，那就是要重点训练学生对语言的感受能力和表达能力。而学生对语言的感受能力和表达能力并不是一蹴而就的，它需要教师金针度人，引领学生去品味、感受语言，潜移默化之中提高学生对语言的敏感度。

在教学《秋天》一课时，王老师就巧妙地引度金针，如行云流水般引领学生去品味语言。

第一步：朗读品味。实录中，师生共同分析文本的趣味性，教师有意识地引领学生从语言表达方面来分析，抓住了文本的语文核心价值。有一位学生回答"课文第一、二段写得好，我被它吸引住了"，但他还没有真正品味出语言的特点，处于一种"心求通而未得，口欲言而未能"的状态。于是，教师要求该生再朗读一遍，用心体会。这个体会的过程，其实就是学生咂摸语言的过程，反复阅读，学生还真品出了那种"出乎意料"的惊讶感觉。

第二步：圈点批注。朗读品味只是触及了语言的表层，只能说是跟着感觉走，还没有触及语言的内核。教师顺势要求学生圈画关键词语，思考哪些词语产生了意想不到的表达效果，而且还特别强调"这对我们运用语言很有帮助"。教师引领学生触及语言最小的元素，通过品味这些关键的元素，加深了那种"出乎意料"的惊讶感觉。

第三步：咬文嚼字。美学大师朱光潜说："无论阅读或写作，我们必须有一字不肯放松的谨严。"朱先生所说的精神就是"咬"和"嚼"，就是仔细推敲的精神。在品味语言的过程中，教师必须引导学生发扬这种求知精神。

教学中的王老师正是这样做的。他同时指定了两位同学，让一位同学把句子中的一些词语略去不读，让另一位同学把这些略去的词语强调出来，读出那种让人惊讶的语气。真是不读不知道，一读还真在对比阅读中品味出了这些词语的妙用，从而引领学生走进这奇妙的语言王国，领会出语言的奇特魅力。

且把金针度与人。纵观整个教学实录，我觉得学生最大的收获就是：得到了品味语言的这把金针——朗读品味、圈点批注、咬文嚼字。语言是语文的根。语文教师应当心无旁骛、专心致志地耕好自己的一亩三分地——回归语文本色，引导学生品味语言文字之美。

语言综合性学习要"三控"

语文课堂是小舞台，综合性学习才是大世界。

综合性学习的显著特征是"放"：课程开放，突出跨领域学科的综合性；过程开放，突出学生学习活动的主体性；结果开放，突出学习过程的参与和体验。但是，如果只放不控，教学就会失控，偏离语文课的主航道，失去语文的味道。因此，教学要有"三放"，自然就会有"三控"。

教师应当树立大语文教学观念。语文教学绝不仅仅是语文课。生活处处皆学问，人情练达是文章，语文和生活的外延是相通的。语文课意在练功，综合性学习重在展艺。

一、三次语文综合性展艺活动

活动一：节日探源，挖掘深刻的历史意蕴美

几千年来，孔子圣人之乡形成了一些传统的节日习俗。探讨它的来龙去脉，你会发现许多美丽的神话传说、有趣的历史故事、深厚的儒家思想积淀。请同学们以小组为单位，探寻节日起源，搜集有关节日的传说、故事，可以查阅地方志，可以实地考察，可以向身边的亲

友访问，然后对材料进行整理。以"（　　）的起源"为题，各小组完成一份研究报告，在主题班会上交流。

示例：

（1）除夕夜攒供菜时，孔姓人家为什么不用鲤鱼祭祖？

（2）清明也叫"寒食节"，有些地区有禁火、吃冷食的习俗，但曲阜并无此俗，为什么？

活动二：亲历节日，体悟圣土乡民的风土人情美

春节、元宵节、清明节、端午节、中秋节、重阳节……从小到大，我们都是伴随着这些年年依旧的节日，和亲人一起度过的。我们耳闻目睹，却有可能习焉不察。实际上节日的某些仪式、禁忌，可能表现着对祖先的追思，寄托着某种美好愿望；某些活动包含着淳朴的风土人情，成为增进和谐人际关系的纽带；某些节日礼品凝聚着浓浓的血脉亲情，让人们可以携手前行。

示例：请同学们在亲历的节日中，选择一个感受最深的，以"我亲历（　　）节"为题，写一篇文章，表现当地过节的风俗、场景，抒发人间真情。

活动三：编写春联、乡谚集，展现丰富多彩的语言文化美

曲阜的春联，受孔孟思想的熏染，极为讲究，并且代代流传。曲阜是圣贤故里，孔、孟、颜、曾、东野五大家族的圣贤裔孙遍布境内，有着很多独特的带有家庭文化色彩的对联。曲阜的每个节令也都有富有乡土气息的乡谚俚语，展现出特有的文化魅力。

示例：请同学们走出学校，走到田间地头、街头巷尾，搜集春联、乡谚、灯谜等。然后在班上与同学交流，展示你的成果，各自编辑《圣土春联、乡谚集》。

练功是为了展艺，艺是否精彩依赖于课堂练功。综合性学习活动首先是语文课，其活动目标应是培养学生的综合语文素质，其活动过程应凸显语文课的特点，其活动结果应是语文课的呈现形式。

二、语言综合性学习要"三控"

下面从目标遥控、过程密控和结果掌控三个方面分析上述三次活动。

一是目标遥控，包括显性目标和隐性目标。

显性目标：活动一的目标是探寻节日起源，活动二的目标是表现当地风俗、场景，以及抒发人间真情，活动三的目标是展现家乡丰富多彩的语言文化美，这些显性目标都在语文课的范围之内，都能训练学生的语言能力，都能培养学生的语文综合素质。

隐性目标：探寻节日的起源，感受家乡风俗，编写春联集子等，这些都能引发学生的活动兴趣，培养学生对语言的敏感度和热爱祖国家乡文化的感情。

二是过程密控，包括内外衔接、文化依托和教师指导。

内外衔接：把语文课堂内外的知识和能力有机地衔接起来。知识衔接：活动中的神话传说、历史故事、节日风情、对联、谚语都是语文课堂有所涉及的。能力衔接：三次活动都以训练学生的听、说、读、写能力和培养合作探究的习惯为目标，这些都是语文课堂上重点训练的。

文化依托：曲阜古为圣人之乡，民众渐浸圣贤之泽，重孝道廉耻，诚节庆祭奠，形成了特殊的古风遗俗。尤其是年节风俗，细心探究，无不包含着深刻的历史意蕴美，浸透着淳朴的风土人情美，蕴藏着丰富的语言文化美。家乡独具的儒家文化，保证了三次活动的过程始终航行在语文课的主航道上。

教师指导：活动过程中，老师始终参与，给予指导，保证学习活动始终在培养学生综合语文素质的航向上。

三是结果掌控。三次活动的显性结果依次是编写了圣地故事传说集和撰写了研究报告，撰写了有关节日的作文，编写了春联乡谚集子。显然，这些活动作业都能提高学生运用语言表达思想感情的能力。

因人施教，因文施教

　　《苏州园林》（部编版初中语文教材八年级上册）、《春》（部编版初中语文教材七年级上册）两课文体不同，教学设计首先的着眼点应该是文体的差别。

　　近年来，语文教学有一种淡化文体的倾向，这直接导致了学生对文体特点认识模糊、理解严重不到位、写作四不像等问题。因此，教学既要因人施教，也要因文施教。

一、教学内容上应当根据文体内容有所侧重

　　《春》是一篇抒情散文。散文是一种主体性很强的文体，表现作家对人生的深层感悟。因此，散文教学设计应该着眼于引导学生体味作者对生活和人生的感悟。比如，授课老师可以以"朱自清喜欢春，因为春美在……"为线索进行教学设计，抓住朱自清先生对春天的独特感悟。

　　《苏州园林》是一篇说明文，说明文在内容上具有科学性、客观性。一篇说明文只有抓住事物的本质特征，才能给读者准确具体、深刻清晰的认识。因此，说明文的教学设计应该着眼于引导学生抓住事物的本质特征，指导学生分析作者是怎样观察和剖析某一特定事物。

教学改革之路

比如，授课老师可以引导学生集中分析苏州园林总的特征——图画美，进而分析图画美这一特征是怎样表现的。

二、教学方式方法上要根据文体体裁有所不同

散文是抒情化的，教学设计应该以情感为焦点，以情感熏陶为宗旨。情感熏陶最好的方式有二：一是注入感情，反复诵读；二是品味语言，对比阅读。授课教师要注重对诵读教学的强化，可要求学生课上大声朗读或默读、男女生竞读或背诵，也可引导学生找出自己喜欢的段落大声朗读，教师对于朗读的评价和指导要到位。因此，教师在教学过程中，要在语言的品位上下功夫，如诵读品味、词语的比较品味、关键句子的品位、联系生活的品位，使学生在语言品味中受到美的熏陶、情的教育。

散文重"情"，说明文重"理"。说明文的教学设计应该着眼于"理"的梳理。"理"的梳理最好的方式有二：一是引导学生养成默读动脑的习惯，在静思默想中理清说明的顺序、作者构思的逻辑顺序和文章结构；二是小组合作探究，探究作者怎样观察的，怎样科学地说明事物，以获得说明能力。

买"椟"，更要买"珠"

随着教育信息技术的发展，语文课也使用多媒体辅助教学。巧用多媒体辅助教学可让语文课堂"声情并茂"，可给语文课堂注入新鲜活力，可帮助师生提高语文阅读效率，从而提高语文课堂教学的艺术性和有效性。

事实上，多媒体作为先进的教学辅助工具，应该为教学服务。但几乎所有的课堂都使用了多媒体，试问所有的语文课都有必要使用多媒体辅助教学吗？尤其是文言文课堂，课堂的大部分时间需要学生沉思默想或者大声朗读，过度使用多媒体教学反而干扰教学的秩序和效果。

关于多媒体技术，必须要用的一定要用好，取得最佳教学效果；可用可不用的，最好不用，以免画蛇添足。如教学《苏州园林》一文时，课文内容、文学常识课本中都有，就没必要再利用多媒体展示相关文本。又如，教学《岳阳楼记》时，有的课件一开始就展示岳阳楼的几张图片；教学《关雎》时，还展示了鸳鸯戏水的画面，我以为这些均没有必要。语文课的主要任务之一就是培养学生对语言的敏感性，对语言的再现和想象能力。如果直接把相关内容以图片的形式展示给学生或将课本内容重复展示给学生，学生先入为主，还能展开想象的翅膀吗？还会在想象过程中培养对语言的敏感性吗？

过度使用媒体辅助教学容易束缚学生的思维和想象。语文教学是通过语言文字来培养学生使用语言的水平和能力，教学中如果一味地将内容以画面的形式展示，严重影响学生对语言文字的个性化感悟，妨碍学生独特的想象。比如，教学《蒹葭》时，有的授课教师先播放一段唯美视频，让学生在悠扬典雅的古乐中品味诗歌的韵律美、情感美，创意很好，但如果只播放音频，给学生留有想象的空间，我想教学效果会更好。这是因为色彩丰富的动感画面容易分散学生的注意力和精力。

才艺表演、多媒体都可作为教学的辅助工具，都是盛宝珠的"椟"，再精美绝伦的"椟"也不能代替"珠"。因此，买"椟"更要买"珠"。

提升复习的三个境界

著名学者王国维在《人间词话》中说过："古今之成大事业、大学问者，必经过三种之境界。"受此启发，全校师生群策群力，集思广益，总结我校学生复习的方式方法，并扎实有效推进，提升了复习的三个境界，收到了良好教学效果。

回归课本，唤起记忆，是第一境界。回归课本，就是掌握教材，把握考试的根本。教师指导学生把考查的内容分类整理，理清脉络，构建网络，形成系统，明确每一个考点的内涵与外延。在梳理知识的同时，引导学生掌握试卷结构，明确题型特点、分值分配，使知识结构与试卷结构组合成一个知识结构体系。

查缺补漏，重视自我能力的成长，乃第二境界。学校要求每个学生建立错题本，找出错误原因，对易错知识点、易误用的方法进行归纳。找准了错误的原因，就能对症下药，降低犯错的概率。结合"小组合作，分层达标"学习模式，小组内互提互问，在争论和研讨中矫正，收到了事半功倍的复习效果。

归纳整理，灵活运用知识，这是复习的最高境界。复习过程中，教师重点引导学生画知识树，学会归纳、总结，找规律，抓特点，小组内一起讨论、研究，不放过每一个疑点，不遗漏每一个重点，不忽视每一个考点。当知识树在头脑中真正清楚有条理的时候，学生就能将所学的知识融会贯通，并学以致用。

孔子云："温故而知新，可以为师矣。"该方法强调的是通过对已有知识的回顾和反思，达到深化理解和获得新认识的目的。因此，当每个学生达到复习最高境界的时候，也就离"青出于蓝而胜于蓝"不远了。方法决定效果，按照科学的方式方法去复习，同学们定能学得轻松，心情快乐，效率更高。

跟孔子学做教育

转换视角天地宽，另辟蹊径展风采

刚把书塞进长衫里，就听见脚步声。坏了，一定是丁举人的管家，要是让他发现了，就糟糕了。

管家一进来，小眼睛贼溜溜地盯着我："孔乙己，你长衫里装着什么？"

招乎？还是不招乎？不怕，我是读书人，这长衫者，明证也。你是什么东东？能奈读书人何？想着，我昂起头，不屑一顾，看了看长衫。

"孔乙己，你又偷书了吧？"糟糕，长衫后面的小洞把书露出来了。

"孔乙己，跟我去见老爷吧。"

去就去，读书人的事，能算偷吗？丁举人不也是读书人吗？

一走进大厅，我就害怕了。

丁举人一见到我，暴跳如雷："孔乙己，你把读书人的脸面都丢尽了喽。你招不招？"

"举人老爷，我写伏辩，您高抬贵手吧。"我赶紧跪下。

一张纸扔到我跟前，我赶快拿起，用楷书恭恭敬敬地写起来。我想，我虽然没进过学校，但我的书法还是不错的，说不定丁举人看到我这一笔好字，饶了我呢？

> 我刚要递上去伏辩，没想到丁举人大喝一声："给我吊起来，往死里打，狠狠打。"
>
> 读书人应该惺惺相惜，他怎么这样？

笑声中，三组代表结束了他们的展示，接着是二组、五组，又是一阵欢笑声。

《孔乙己》是一篇经典课文，教学时往往先引导学生分析人物形象，再让学生概括人物性格，然后说出自己的根据，最后教师加以点拨。这样的教学过程虽然流畅，但总是感觉学生和书中人物隔着什么，学生干巴巴地概括出的几点人物性格，并没有走进人物的内心世界，更谈不上共鸣，而教师的点拨实际上只是把自己对文本的体验硬塞给学生，文本并没有融化为学生的血肉。事实上，学生缺乏对文本的深入体验，和文本的对话只是停留在表层次上。所以，这样的课怎能有生气，有成效呢？

怎样解决这一难题？《文学基本理论》一书中提到叙述视角的问题，让我眼前一亮。《孔乙己》的中心人物是孔乙己，但叙述者却是小伙计，能不能转换一下叙述视角，引导学生去亲自体验、品味呢？于是，上课时我重新进行了教学设计，根据人物性格设计了这样几个题目：一是以孔乙己为叙述者，重写偷书挨打这一段。二是以丁举人为叙述者，改写偷书挨打这一段。三是以顾客为叙述者，改写偷书挨打这一段。然后把写作任务分别交给小组合作完成，最后进行课堂展示。

所以，回过头看同学们的展示，他们把孔乙己自命清高、自欺欺人的个性都惟妙惟肖地表现出来了。如果同学们没有走进孔乙己的内心世界，没有设身处地的体验，没有对人物性格的把握，是写不出这样的小文章的。学生转换视角重写的过程就是一个体验、品味、想象再创造的过程。学生只有把自己当作孔乙己，体味他当时的心理变化，进而把握其性格，才能和文本进行深入对话。

由此，我们来谈教师的专业化成长。教师一定要学会反思，把反思化为一种自觉的行为。课堂教学永远是一种不完美的艺术，问题是教学的起点，也应该是终点。而聪明的教师总是善于发现课堂中的问题，以此作为专业成长的起点。

语文教学要想富有灵性、活力，教师就必须有渊博的知识积累，可以触类旁通。这就要求语文教师要养成读书的习惯，从书中及时汲取营养，触发灵感。

语文课是一门实践性极强的课，所以语文教师专业化成长的过程就是善于运用知识的过程。教师不可能把自己的知识完全教给学生，但教师一定要把自己的知识内化于课堂教学中，去引导学生体验、品味文本。比如，在教学《孔乙己》时，教师没必要在课堂上过多地拓宽叙述视角的相关知识，只要借助这个知识点进行更有效的教学设计就可以了。

鲁迅小说中的隔膜感与孤独感

　　鲁迅是现实主义大师，为中国现代文学贡献了一批文学精品，但这些"贡献"绝不是乐观的，而是带着"血"和"泪"，"像一匹受伤的狼，当深夜在旷野中嗥叫，惨伤里夹杂着愤怒和悲哀"，因而也不免感到寂寞与孤独，但他并没有沉溺于个人感伤的情绪之中，"有时候仍不免呐喊几声，聊以慰藉那在寂寞里奔驰的猛士，使他不惮于前驱"。鲁迅小说最鲜明的品格就是紧密联系着底层的乡土和生命，始终将关注的视角对准底层人民的魂灵，密切关注着他们的生存境遇和精神状态，无情地解剖他们卑琐的人格，以"哀其不幸，怒其不争"的深广忧愤和沉郁宏达抒写人生，以"掊物质而张灵明，任个人而排众数"的人生理想改造国民，以"立人"的思想启蒙大众，以"反抗绝望"的哲学意蕴指引人生，以"立意在反抗，旨归在动作"的勇毅和实干推动社会变革、促进国民思想觉醒。鲁迅的小说总是具有无穷的力量，因时而变、与时俱进、常用常新，是真正的取之不尽用之不竭的精神资源。

一、《孔乙己》中的分裂与隔膜

　　鲁迅创造了一个"分裂"的小说世界，在他的小说中存在着种种对立和冲突，生存于小说中的人物之间"隔了一层可悲的厚障壁"，令原本亲密无间的密友、亲人"说不出话"，成了最熟悉的陌生人。人与人之间的隔膜感就这样产生了，真诚也成了一种奢侈品，充斥在人际关系之中的是"瞒"和"骗"，而人们的惰性与麻木使他们非鞭子打到身上是万不可动弹的，他们只能沦为木偶，顺着历史的车轮，堕入万劫不复的深渊。《孔乙己》中的孔乙己，在与"我"的对话中，一种人与人之间的隔膜感不自觉地显露出来，像绕圈的苍蝇一般"飞了一个小圈子，便又回来停在原地点"，连自己也觉着"这实在很可笑，也可怜"。"新人"思想的异质性，使旧中国的子民惶恐并且不安，它以西方思想为参照和依据，直击封建制度的虚伪性，深刻剖析了维护封建统治思想的"吃人"本质。在西方人本主义与中国封建思想的对立中，处于优势地位、人数众多的封建势力以固有的封建人伦体系和封建统治力，逼迫人们屈服，并将其纳入固有的统治体系中，使狂人也只能"赴某地候补矣"。为封建制度所逼迫的孔乙己，经济为封建社会所钳制，纵使思想上如何独立，实践上如何努力，却难以逃脱封建势力的围追堵截，最终沦为封建制度的牺牲者。值得注意的是，在觉醒者与封建势力的对立中，我们能够或多或少地感受到二者之间的隔膜；觉醒者振臂高呼，试图唤醒"铁屋子"中沉睡的国民，但麻木、愚昧的劣根性与封建势力的严酷统治使得他们的声音难以传达到人们的心中。因而，觉醒者们被孤立了，他们的思想被视为异端，不被国民所接受，他们深深地感觉到来自异己力量的逼迫，产生了浓厚的孤独感。

二、以《孔乙己》为中心的扩展

　　《孔乙己》中的底层民众之间也存在着隔膜。他们彼此心存芥蒂，表面上推心置腹，很体面地谈论着身边的琐碎，内心深处却没有什么实质性的交流，仅仅只是维护了一种交流的形式。所以，他们之间的交流不过是封建制度框架下的"面子"，保持所谓的"尊严"，相互奉承。《孔乙己》与孩子们的交流，看上去无比真诚，但其实是他的一厢情愿，那些孩子们压根就不愿意听。这种"交流"并不是真正意义上的沟通，他们之间的"交流"没有形成一个完整的回路，因而也只能称其为"自我言语"。也正是这种"自我言语"造成了人与外部世界的疏离，一个倒也罢了，但是当每个人都陷入其中时，不仅是人与外部世界产生了隔离，而且人与人之间也无形中"隔了一层可悲的厚障壁"。正是作为交流中介的外部世界被屏蔽，人与人之间的交流也只能停留在处于生理的本能，而非自觉的精神获取；每个人都感到"被自我孤立"，而这恰恰又是他者的"被孤立"，二者陷于类似"他人即地狱"的荒谬情境之中而难以解脱。更为可悲的是，他们似乎不曾意识到这种荒谬情境中的生存困境，沉溺于看客的位置，兴致勃勃地"欣赏"一个个生命的凋谢。他们似乎也没有意识到这二者之间位置的转换，自己也可能坐到"示众"的位子上成为看客们的玩物，严重缺乏一种基于人道主义的深切同情，完全沦为机械式的木偶。封建统治者以居高临下的姿态对待底层人民，他们不可能以真正平等的态度与底层人民相处，因而两者之间不可能进行真正有效的交流。封建统治者并不理解底层人民，而底层人民似乎对他们也怀有一种"小人物"式的天然恐惧，压迫与被压迫的不同地位造成了二者间的隔膜。

如果以《孔乙己》为中心再往外扩展，《祝福》中的鲁四老爷、鲁四太太并不理解祥林嫂的真实心理状态与诉求，他们仅从祥林嫂的遭遇将其视为"不祥之物"，而祥林嫂也认可这种定位。其实对他们之间的理解存在一些偏差，祥林嫂对封建礼教有一种天然的屈从感，而不是基于真正理解上的认同，这种隔阂必然造成祥林嫂的自我孤立。《阿Q正传》中以赵太爷为代表的统治阶级无情地压迫以阿Q为代表的底层劳动人民，他们之间不可能产生"心灵的交流"。一方面，赵太爷等人自视甚高，不屑与其交流，而所谓"交流"，不外乎宣告统治地位，展示统治力量；另一方面，阿Q对赵太爷深感恐惧，在他的棍棒之下丧失了最基本的人权，一旦时局转变，他们便会爬到现有统治阶级的头上，成为他们的统治者，二者之间处于一种紧张的对立之中，存在着很深的隔膜。

亲友本应是生命中最亲近、最重要的交际对象，但处于封建统治下的亲友关系往往呈现出病态的特征。由于封建统治的残酷，人人自危，即使是亲人也往往处于一种尖锐的对立状态之中。封建纲常伦理使亲友之间处于一种不平等的地位，严重束缚着自我心灵的健康发展。所以，在这种情境下，亲友关系不可能以一种正常的、健康的样子出现，只能以一种扭曲的、病态的方式呈现。《孔乙己》中的孔乙己和他者始终处于一种莫名的矛盾关系之中，难以形成有效的对话。《弟兄》中的沛君和靖甫平日无事是模范弟兄，一旦一方有事，则往往从自己的角度考虑问题。这虽是生存困境下的无奈之举，却也充分展示出自我本能的自私之恶，在这种境遇中，隔膜是不可避免的，孤独也是自然而然的。《高老夫子》中的高尔础和好友万瑶圃维持着封建知识分子的虚伪人格和尊严，互相敷衍；《伤逝》中的涓生和子君，也表现了"无爱的孤独和悲伤"；《孤独者》中的"我"和魏连殳、《在酒楼上》中的"我"和吕纬甫总是处于一种似离非离、似合非合的张力之中，不曾认真地审视对方，双方处于一种模糊的隔离状态。

一往如前的觉醒者是驱驰在黑暗大地的战士，他们像"死火"一般孤寂，于冰天雪地中傲然独立，虽知结局必然一死，但仍不愿意放弃反抗；他们也像那孤独的过客一般，虽知前方是"坟"，但也不愿停下脚步；他们更像那黑暗里的"影"，只留下虚空和黑暗。他们的凌空高蹈、他们性格中的异端造成了他们与外在世界的隔离，使他们成为影子一般的孤魂。对于这一类型的划分及其孤独的分析，大多数学者更愿意将其归因于知识分子脱离群众的恶果。就文学本身而言，鲁迅小说的这一类人物的共性显示出深刻的哲学意蕴和文化内涵。《药》中的夏瑜与底层民众之间的隔膜是非常明显的，由此造成的孤独感也不言自明；但夏瑜的孤独悲剧难道仅仅是因为脱离群众的主观原因造成的吗？其中显然有更为深层的原因。

首先，封闭的文化体系及其文化效力严格地控制着人们的思想乃至意识，使其思维方式高度统一，这样的文化空间与其直接支持的封建制度本身不具备容纳新思想的空间，所以只有彻底打破这一套体系才有希望看见新思想的光芒。其次，民间土壤培育的民间文化对封建文化是具有一定抵抗力的，但它本身也深受封建文化的浸染，具有很大程度的封建依附特征，呈现出统治话语与民间话语的混杂。所以，夏瑜即使想与民众结合也是不能够的，那个时代并不具备这种结合条件，只有依靠一次次的思想革命暴力的冲击，才能够真正地冲破这种封闭自足的封建话语体系，只有先把外部的框架体系打散、敲碎，再进入内部的清理，才有所谓重建的可能。最后，这些觉醒者的孤独面临着选择的困境、生存的困境、精神分裂的危险，他们处于一个乾坤颠倒的时代，现实与理想的强烈对比使其面临着艰难的抉择，总是处于一种"类精神分裂"状态，无比的紧张、敏感。《长明灯》中的"疯子"，虽有延续"狂人"的痕迹，但实质上已经"换了人间"。"疯子"面临着众人的压迫，生存空间不断地被挤压，面临着严峻的生存困境，他的思想和民众的思想是两个分离的世界，长明灯的熄灭与否涉及不同立场话语权的问题，但是对于一个生存尚不能保证的"疯子"而言，在游戏开始之前他就已经被淘汰了。他与魏连殳、"狂人"一类又有很大不同，因为魏连殳等人可以选择用"退却"的方式保全自己，但新阶段的"疯子"有着比他们更为决绝的勇气和毅力，他是绝不会回头的，而且他也似乎预感到了自己的命运，就像那"死火"一样，即使对命运的悲剧早已洞若观火，却仍然死不回头，其中蕴含着鲁迅"反抗绝望"的哲学意蕴。"疯子"一类的觉醒者，他们所感到的孤独比"狂人"一类更为深刻，如果前者是一匹受伤的狼，尚能在黑夜独自舔舐伤口，那么后者早已克服了舔舐伤口的本能，他们更愿意带着伤口战斗，激烈地反抗。

故乡与祖国同构

　　文学作品的魅力常常在于其有超越自身的力量。它写了一些景物、人物和事物，但同时又不仅仅是这些景物、人物和事物，它使我们感受到更多、更深、更普遍的东西。鲁迅《故乡》中的"故乡"，是鲁迅物质上的故乡，也是他精神上的故乡，我们可以把《故乡》当作"乡土小说"或"风俗小说"去阅读。但这个"故乡"等于沈从文的故乡吗？和废名笔下的故乡一样吗？完全不一样。沈从文的"湘西世界"构筑了作家独特的世外桃源般的情调，废名的"故乡"充满了淡淡的乡愁和田园牧歌似的闲情逸致。鲁迅的《故乡》没有诗意的乡愁，也没有闲情逸致，我认为它超越了同时代作家的故乡，也超越了鲁迅自己的"故乡"。走进鲁迅的《故乡》，反复揣摩、玩味，我们感受到的不仅仅是"我"回故乡的见闻感受，还有鲁迅先生精神上的悲伤与痛苦，更有对改变中华民族国民性的泣血呐喊。

　　那么，鲁迅是借助什么来完成对"故乡"的超越的呢？是象征。《故乡》是鲁迅《呐喊》的一个部分。《故乡》是现实主义的，也是象征主义的。理解鲁迅的小说内涵，象征主义是一个无法逾越的话题。象征主义是西方现代主义的一个专有名词。西方现代主义在五四时期就和中国的现代文学有着千丝万缕的联系了。鲁迅深得象征主义的精髓，从《呐喊》的开篇《狂人日记》开始，鲁迅小说的基本模式就是象征主义的。他对象征主义手法的运用，可以说在《药》中抵达了顶峰。但是《药》太在意象征主义的隐喻性了，以至于象征主义的运用显得有些生硬，不够自然。和小说《药》比起来，《故乡》中象征手法的运用要自然得多，显得更加纯熟和老练。

我们先看回忆中的故乡。回忆中的故乡，是少年"我"美好心灵的象征，是鲁迅美好的精神故乡。

回忆中的"故乡"是五彩缤纷的，深蓝的天空，金黄的圆月，碧绿的西瓜，闰土紫色的圆脸，银白的项圈，海边的五色贝壳，各种颜色的鸟类等，没有一种色彩不鲜艳。深蓝的天空、金黄的圆月在画的上方，构成画面的远景；海边沙地、碧绿的西瓜在画的下方，构成了画面的近景；英雄少年在画的中间，构成了画面的主体。再看"情境"，它是内容背后的底蕴，是通过表象揣摩作者"心中的画面"。这是一个寂静而富有动感的世界。天空、圆月、沙滩都是那么寂静、安谧，却又充满活力。小英雄的形象给静谧的世界带来了活力，静中有动，动中有静，构成了一幅和谐自然的画面。整个世界辽阔而又鲜活，活泼而不杂乱。"我"回忆中的故乡，其实是"我"少年心灵的一种折射，是"我"和闰土两颗童真心灵的自然融合。"我"和闰土的友谊是纯真、朴实、平等的，少年闰土并不把"我"看作比自己高贵的少爷，"我"也并不把闰土看作低贱的穷孩子。这幅画成了"我的美丽故乡"的一个缩影，成了辛苦而辗转的精神流浪者的"我"心中仅存的一个温馨的旧梦。正因为如此，这幅画一出现，"我这儿时的记忆，忽而全都闪电似的苏生过来，似乎看到了我的美丽的故乡了"。

可惜的是，这个精神上的"故乡"仅仅是鲁迅心灵中一个美好的童话，是一个如同玻璃般的梦，在残酷的现实面前无情地粉碎了。当"我"回到"别了二十余年的故乡"时，"我"精神上的"故乡"无情地毁灭了，"我"看到的是一个失去精神生命力的故乡。

现实中的故乡，是沉重的生活压力下国人失去精神生命力的象征。现实中的故乡，"阴晦"的天气，"苍黄"的天色，"呜呜"的冷风，"萧索"的"荒村"，没有一点"活气"，是一幅死寂沉沉的故乡冬景图。回到家中，见到老屋"瓦楞上许多枯草的断茎当风抖着"，呈现出寂寥、破败的惨状。作者用这些语句极力渲染了农村萧条、荒凉、沉寂的气氛，以烘托当时的悲凉心情，以表现在帝国主义和封建主义残酷蹂躏下农村日益衰败这个主题。此处明写景暗抒情，既渲染了氛围，又以小见大，表现了广大农民渐趋破产的悲惨境遇。一个富有表现力的"横"字更突出了萧条的荒村的颓败、破落、毫无生气，低矮的茅草房给人的印象好像是倦卧的病人在横躺着……寥寥几笔就写出了旧中国农村的日益凋敝与黑暗的半封建半殖民地社会的概貌，从而交代了小说的社会背景，一下子把读者带入一个特定的环境之中。小说中的"我"，是"故乡"无情的批判者，也是一个迷茫的启蒙者。面对现实中的故乡，他关注的是人与人之间的隔膜，仅仅看到故乡的死寂和萧条，仅仅看到普通人精神的麻木，却无法找到社会变革的因素，找不到解决办法。这是一种自我关闭的孤立状态，这种孤立状态给"我"带来巨大的痛苦，也不时产生失落、动摇、幻灭的情绪。

少年闰土较之少年的"我"更是一位富有生命力和表现力的少年，到了现在，却成了一个神情麻木、精神痛苦、失去生命活力的木偶人。是什么让他变成木偶人呢？是封建的礼法观念。闰土是在一套礼法关系的教育下成长起来的，一旦把这种礼法关系当作处理人与人之间关系的准则，他和"我"之间的精神悲剧就不可避免地发生了。"他（闰土）站住了，脸上现出欢喜和凄凉的神情；动着嘴唇，却没有作声。他的态度终于恭敬起来了，分明地叫道：'老爷！……'"一声"老爷"犹如刀子一般割开了两颗原本融合在一起的心灵，我们似乎听到两颗心灵被生生撕开的带血的声音。称呼带着"敬"，更透着"冷"，两颗心灵被冷冷地挡在高墙的两边，再也无法交流融合了。闰土和"我"的这种礼法关系是在社会的压力下形成的，是一种扭曲的人性。这种扭曲的人性是他习惯了逆来顺受，在一切不幸和痛苦面前忍耐。

和闰土相比，杨二嫂则是另外一种典型。年轻时，杨二嫂以自己的美貌招徕顾客；当年轻不再、美貌失去的时候，她可以牺牲自己的道德名誉来获利。她的生活是辛苦的，且这种辛苦的生活压碎了她的道德良心，使她变成了一个没有信仰操守和真挚感情的自私人。

我们来探究一下两个与杨二嫂有关的极富象征意味的词语："豆腐西施"和"圆规"。

"西施"本来是美女的名字，但是，"豆腐"和"西施"捆在一起，就有讽刺的意味了。年轻时，杨二嫂被用来牺牲自己的色相招徕顾客。"因为伊，这豆腐店的买卖非常好"，"美"成为杨二嫂获取物质利益的手段，而获取物质利益是她生存的唯一目的。

在杨二嫂已经是一个五十开外的女人时，我们看到的又是什么呢？她能说会道，她把虚情假意当作情感表现，把小偷小摸当作聪明才智，她变得刁蛮、自私、贪婪、刻薄。她的贪婪主要体现在算计上。就因为她算计，另一个绰号自然而然地就来了，她是一个精准的计算工具——"圆规"。

"我吃了一惊，赶忙抬起头，却见一个凸颧骨，薄嘴唇，五十岁上下的女人站在我面前，两手搭在髀间，没有系裙，张着两脚，正像一个画图仪器里细脚伶仃的圆规。""圆规"这个词属于科学名词。当民主与科学成为新文化运动两面大旗的时候，科学术语出现在五四时期的小说里面，这是自然的。杨二嫂，一个裹脚女人，裹脚女人与圆规之间是多么地形似。杨二嫂又是一个工于心计的女人，她和圆规之间就有了"某种"神似。她的算计不是科学意义上的，而是对他人的"暗算"，她时时刻刻都在做着损人利己的勾当。比如"圆规"顺便将"我"母亲的一副手套塞在裤腰里的"退场"动作，比如她告发闰土藏了碗碟，自以为功，拿了"狗杀气"飞跑的身影。这一来，"圆规"这个词和科学、和文明就完全不沾边了，成了另一种的愚昧与邪恶。

杨二嫂这种自私自利的欲望腐蚀着故乡的精神，闰土以自己超常的忍耐维系着故乡的苦难，"我"成了故乡的孤鬼游魂，失去了精神的落脚地。因此，现实中故乡是一个失掉了生命活力的故乡，是人们精神分离、相互隔膜的故乡，是缺乏亲情、冷酷的故乡。

最后，我们再来看未来的故乡：海边碧绿的沙地，深蓝的天空，金黄的圆月。似乎这是回忆中对美好"故乡"的简单重复，但又绝对不是。前面那段描写，是"我"回忆中的景象，是实写；而此处是"我"憧憬中的美丽景象，是虚写。因为"我"看到故乡萧条、破败之景，深感失望，但又不甘心故乡继续萧条、破败下去，于是，就为故乡的远景勾画了这幅美丽的蓝图，表现出"我"改造旧社会、创造新生活的强烈愿望和决心。文章结尾再现了记忆中故乡的美丽画面，表达了"我"对创造新生活的热切愿望，抒发了"我"对美好未来的憧憬之情。

在个别民族语言里，故乡等于祖国。第一个字母小写就是故乡，大写就是祖国。鲁迅的《故乡》是鲁迅生于斯长于斯的故乡，也是鲁迅爱恨交织的祖国。鲁迅是一位痛苦的"恨国者"，但他超越了"恨国"；鲁迅爱记忆中的美好故乡，恨现实中的故乡。从记忆中美好的故乡走出来，走进隔膜、无情、落后的故乡，鲁迅是痛苦的，他痛苦地爱着故乡，恨着故乡。或者说，他精神的祖国失落了，他"物质"的祖国充溢着两种人：一种是杨二嫂那种被欲望吞噬的人，他们没有信仰，没有道德，只有自己，只需要欲望的满足，他们也没有真情，没有"祖国"的概念，他们在腐蚀着"祖国"。另一种是闰土那种有道德的老实人，可是在传统的礼法社会里，他们的生命力萎缩了，他们的思考力退化了，他们消极地面对生活中的重压和苦难，他们缺乏改变生活苦难的勇气，他们缺乏建设新生活的智慧。

难能可贵的是，鲁迅并不止于此，鲁迅比同时代作家看得更远，挖掘得更深更广。鲁迅关注更多的是民族性，他深入挖掘了产生"闰土""杨二嫂"背后的土壤——民族的劣根性。从象征主义这个角度来看，和鲁迅最像的象征主义大师是卡夫卡，但鲁迅和卡夫卡又很不同：因为工业革命造成了人的异化，卡夫卡关注的是人类性，是人类的终极命运；而因为启蒙和救亡，鲁迅关注更多的是民族性，是民族的劣根性。鲁迅眼里的劣根性分成两部分，强的部分是流氓性，弱的部分是奴隶性。呈现流氓性的当然是"圆规"，呈现奴隶性的自然是闰土。

奴性是天然产生的吗？不是，它是封建礼教长期奴役的结果。我们先看少年的"我"和少年的"闰土"之间的关系。"没有旁人的时候，便和我说话，于是不到半日，我们便熟识了"。"闰土须回家里去，我急得大哭，他也躲到厨房里，哭着不肯出门"。"我"和闰土的友谊是那么纯真、朴实、平等。闰土和"我"的这种亲密、纯真、平等的关系是自然发生的，体现了人与人的自然性。鲁迅用一种抒情的，诗意的笔调去描写、赞美这种美好的感情。

但这种美好的感情却在一声"老爷"中无情地破碎了。在闰土叫"我"老爷的过程中，并没有外力的胁迫，它发自闰土的内心，是闰土内心的自我需求，是闰土的本能，那是一个带有奴性的本能。

闰土在第一时间做了自我检讨。闰土说，"那时是孩子，不懂事……"这才是闰土内心的真实。如果说"闰土们"的内心有理性的话，那么这个理性就是奴性需求。奴性需求的表述方式是自我检讨。自我检讨的内容是："过去不懂事。"什么是"懂事"？"懂事"就是喊"老爷"，就是选择做"奴才"，做"做稳了"的奴才，或者做"做不稳"的奴才。奴役的文化最为黑暗的地方就在这里：它不只是让你做奴才，而是让你心甘情愿地、自觉地选择做"奴才"。鲁迅反帝，但反封建才是第一位的。封建制度在"吃人"——它不让人做人，它逼着人心甘情愿地、自觉地选择做"奴才"。反封建一直是鲁迅的政治诉求和精神诉求。

我们再来品味一下闰土索要的器物——香炉和烛台的象征意义。香炉和烛台是偶像与崇拜者之间的中介。它们充分表明了闰土"没有做稳奴才"的身份，为了早一点"做稳"，他还要麻木下去，他还要跪拜下去。无论作者留给读者一个怎样光明的、充满希望的尾巴，那个渐渐远离的"故乡"大抵上只能如此。

小说结尾"碗碟"的细节也极有象征意义。鲁迅借"我"母亲的追溯，一直惦记着"我"家家当的"圆规"终于干了两件事，一是明抢，抢东西；二是告密，告闰土的密。她在灰堆里头发现了一些碗碟，硬说是闰土干的。那十几个碗碟究竟是被谁埋起来的？是"圆规"干的还是闰土干的？我们且不管他。"碗碟"的细节使人物关系变得更加紧凑。在《故乡》里，人物关系都是有关联的，甚至是相对应的，比如"我"和母亲，闰土和母亲，少年"我"和少年闰土，成年"我"和成年闰土，母亲和杨二嫂，"我"和杨二嫂，再加上一个宏儿和水生。有两个人物始终没有照应起来，那就是杨二嫂和闰土。他们虽生活在同一片土地上，但由于社会地位和生活环境不同，他们的价值观和行为方式存在显著差异。

鲁迅是批判统治阶级的，但是，鲁迅一刻也没有放弃，做得更多的，是批判"被统治者"、反思"被侮辱"的与"被损害"的"被统治者"。鲁迅的所谓的"国民性"，所针对的主体恰恰是"被统治者"。鲁迅不仅仅是一位伟大的"战士"，他还是一位伟大的启蒙者。

《故乡》是《呐喊》的一个部分，是一篇面向中华民族发言的小说，它必须是"中国"，只能是"中国"。鲁迅是一位清醒的爱国者，但他超越了爱国；鲁迅切实地关心着祖国的命运，他清醒地看到祖国的痛苦命运，他真切感受到祖国在现代世界的严重危机，并因此思考祖国的未来。鲁迅以手术刀般的笔精准解剖出落后祖国生病的肌体，却无法开出疗治祖国病体的药方；但他精神"故乡"失落后的悲伤与痛苦唤醒了更多的"梦中人"，他极力改变中华民族痛苦命运的泣血呐喊促使了更多的觉醒者去艰难地探索。

作文教学三个境界

文章不厌百回改。教师要引导学生把修改作文当成自我提升的最好方式，并逐渐养成良好习惯，化为一种自觉行为。

一、作文教学三个境界，修改作文的标杆

一江春水向东流——写作文要从生活中取材，源自生活，又高于生活，不弄虚作假，不矫揉造作，保持清新自然。写真实、抒真情的作文一定是犹如一江春水，缓缓流淌，行于所行，止于所止，从而文从字顺，流畅自如，表达清晰。

标新立异二月花——写作要标新立异，力求创意。写好作文的前提是，对生活有细致的观察，有独到的领悟，敢于发表自己对生活的真实的、客观的感受。写个性化作文，还要在立意、构思、文体、语言等方面有所创新。此方面对中学生不宜要求过高，不宜求全责备，只要某一个方面有所创意，老师就要抓住亮点，及时鼓励。

删繁就简三秋树——写作要删繁就简，毫不留情。提倡学生构思写作时要趁热，要投入激情和热情，方能激发灵感。而修改作文时要冷静，写完先放几天，有意冷一下，冷处理的过程中，可能会猛然激发灵感，对生活有了新的感悟，对立意有了新的角度。因此，修改作文

时要忍痛割爱，要像秋风之于树叶，竭力把可有可无的全部删掉。

二、基于三个境界，创新作文修改方法

结合"小组合作，分层达标"学习模式，基于三个境界，我归纳了作文修改方法。但是，作文类别不同，修改方法不一。

一是命题作文：以师生交流为主，着眼于一个"比"字。老师批阅，在顺、新、简三个方面提出具体的修改意见。

比：一要和同类的课文、名著比，找到修改的依据，做到有章可循。二要和同班优秀作文比，找出其间的差距，得出修改的必要性。三要和自己以前的作文比，找到进步的地方就激励自己，找到不足就和本小组的同学讨论如何修改，最后写出定稿。

批：定稿后，上交老师，老师批阅后定出等级。

二是自拟作文：围绕三个境界组织小组讨论交流，着眼于一个"议"字。

改：由同桌修改，提出修改意见。

议：以三个境界为标准，小组共同议论，提出修改意见，如思路如何顺畅，立意如何再新，有没有多余的文字等。作文程度差的同学，和小组长一起商议定稿。

三是专题系列作文：创作小组之间交流意见，修改人员着眼于"开放"二字。

比如写作专题系列小组由"乡村风景风俗""市井人物""校园新风"等组成。专题小组的作品是面向所有同学的，大家都可以参与修改，献计献策。写乡村市井人物的，也可由父母参与修改。写校园新风的，也可由其他老师参与修改。

三、设置三个境界专栏，创新激励办法

老师第一次批改作文不定等级，待学生自己修改后，再由老师定

等级。

　　作文修改好的，老师在班上给予表扬，并在班上进行阅读展示。

　　学期末，班内分别以三个境界为标准，设置三个专栏"一江水""二月花""三秋树"，进行优秀作文展示。优秀作文展示可以激发学生的写作兴趣，增强学生写作的信心；还可以为学生提供一个交流的平台，帮助学生更好地理解和掌握写作技巧，从而提高他们的批判性思维能力和写作水平。

跟孔子学做教育

作文教学三部曲

一、大胆往前走——去掉锁链，自由发挥，写放胆文

兴趣是最好的老师，是学生写好作文的内动力。所以，作文教学效率相对低下的关键因素是学生对写作缺乏兴趣。

无病呻吟，生编硬造，思路混乱，穷于应付，文体四不像，问题繁多。作文万病，只一个"趣"字治得。作文教学的第一要务就是培养学生写作的兴趣，初一是关键时期。此阶段写放胆文，是引发学生兴趣的最好方式。

初一学生的作文就像山中的野花，花开花落，自有自的一番情趣，自有自的一份美丽。教师要做的就是寻找并欣赏这份朴素的情趣和粗糙的美丽。此时，教师不需要给学生设定条条框框，不需要讲什么立意拔高，不需要练什么技巧方法，主要给学生设置宽松自由的环境，让孩子跟着感觉走，随心所欲自由地舞蹈。学生的心境进入一种放松的状态，才会放开胆子去阅读、去选材、去谋篇、去展示、去交流。

（一）引导学生个性化阅读

切合自己的个性和兴趣，读自己喜欢读的东西。学生往往因为喜

欢才能达到心灵和作品的契合，又因为坚持不辍，于潜移默化中受到熏陶，文学素养才得到提高。

阅读起点要高。读名著或次名著，少读或不读作文选。就像黛玉教香菱学诗，一开始就研读王维、杜甫，境界高，眼界宽，视野广。

教育家朱光潜也说过："文艺必止于创造，却必始于模仿。"模仿始于精读，精读需要熟读成诵，品味领悟，使内容不但沉到心灵里去，还必须沉到筋肉里去。

（二）选材要定向性和个性化

在包罗万象的自然景观和社会现实中，引导学生根据自己的兴趣、条件来进行观察、体味、熟悉、深谙，从而突出自己选材的个性和特色。

防山镇中学所在地自然人文环境都比较有特色。这里地形东西长，南北短，是山地平原结合地带，还是孔子父亲叔梁纥坟墓所在地，地域特色丰富多样。这就为学生作文的个性化提供了有利条件。教师要培养学生热爱家乡的感情，熟悉家乡的山川风光，了解家乡的风土人情和人文特色。所以，防山镇中学的学生可以专写山区，表现山区独有的自然风光和山里人的忠厚朴实；也可以写人物故事，专门搜集孔子的相关材料。写人物时，我更提倡写自己最熟悉的人——我，表现自己的人生体验，把作文当成自己的人生精神成长史记，扩展开来，写自己最熟悉的生活。

（三）放手写放胆文，写作个性化

教会学生珍惜自己对生活的独特感受。自己对生活的感受原汁原味，散发着生活的芳香。这些感受也可能是片面的，但都出自童心，这些片面也是可爱的，教师要给予保护，不要随意批评，必要时可给予指导。其实，学生在作文中也可以不断地审视自己，调整自我精神成长的航向。所以说，作文是学生精神成长的史记，可以不断地进行自我纠偏。

作文是学生的精神家园，是学生自己经营的自留园。所以，作文是自己的倾诉对象，是自己的知心朋友，也是说真话的地方，不要怕写得直白别人说自己思想肤浅而自卑。

少写命题作文，多写自拟作文。根据初一学生认知的心理特点，要让他们多写记叙文，多编故事，多写童话和寓言。我们提倡学生把自己最感兴趣的天天乐道、夜夜苦思的内容写成系列作文。教师要简化审题步骤，降低立意要求，至于写作技巧之类的东西，必要时可以给予点拨，平常尽量不灌入。

教师要积极引导学生在班内展示自己的作文，与他人分享合作的快乐。教师还要抓住学生作文的亮点，及时给予表扬，让每个学生有成就感是提高写作兴趣的最好方式。

二、有规矩方能成方圆——严格规范，训练技巧，写规矩文

自由地舞蹈固然潇洒放松，但还不够完美，不够飘逸，一招一式还要规范，只有规范，才会提升舞蹈的美感。因此，写作也要有自己的规范。初一教学时要放，初二教学时就要收。

（一）文体规范——初一下学期

学生的"四不像"作文，会像感冒病毒一样四处泛滥，成为常见病。何哉？

A.对作文不感兴趣，只能敷衍了事

B.对生活缺乏细致的观察，感情的积累不够，只能用假大空来充数

C.对文体的特点和要求认识模糊，不到位

前两个病因初一时已基本解决，本文不谈。这里只谈病因 C。

淡化文体要求不等于不要文体，不管文体如何创新，作文的文体特点一定要突出，要一目了然。教师要讲清不同文体的要求和特点，对照范文，做到有章可循，有"法"可依。

关于记叙文写作，一是写人的记叙文：先练习写一人，再练习写

教学改革之路

多人。写人一定要有语言、动作、肖像、心理等描写，尤其是细节描写。动态的人物描写，一定要写清楚人物变化的过程。写人物牵涉事件时，一定要把事件的前因后果交代清楚。二是写事的记叙文：先练习写一件事，再练习写多件事。涉及事件的六要素要交代清楚，事件过程中的细节描写要具体详细。事件有主次之分，主要事件一定要大写特写，要出彩。同时，写与事件有关的各类人物时描写要到位。记叙文中的抒情与议论部分，篇幅要严格限制，修改作文时要加强叙事描写的细化。此阶段不提倡写散文，因为散文很容易写虚、写空。

关于议论文写作，首先要求学生要有明确的论点、必要的论据和切实的论证过程。事实论证文字一定要简略，可与记叙文中的叙事做比较。其次，事实论证后一定要做一点理论分析，记叙的篇幅一定要加以限制。此阶段，学生的抽象思维还未达到较高要求，故一定要控制议论文的写作数量。最后，议论文一定要有严密的逻辑关系。

（二）技巧规范——初二下学期

记叙文：描写方法结构方式、叙述方式、写作方法等技巧都要加强规范。

议论文：论证过程、论证方法、文章结构都要加以规范。

上述所列，都可做专项专题训练加以掌握。

三、春风化雨无迹，踏雪寻梅无痕——写不显技巧却深藏技巧的自由文

看似没有技巧而技巧无处不在，是写作的最高境界。这种境界虽然很难达到，但它应该是对每个学生的要求，是每个写作者努力的方向。

真正的好文章，重在内容，技巧只是雕虫小技。但没有技巧的文章往往让人不忍卒读。言之无文，行而不远。言之有文的文章，初中生也是可以写出来的。

写作的前提有三：一是写作的热情和冲动，写作的欲望不可抑制；

二是对生活有较为深刻的观察和领悟；三是写作技巧烂熟于心，熟能生巧。

初三阶段，教师要引导学生在写作中自然而然地运用写作技巧，教学时要注意因人施教。对于写作水平较高的学生，引导他们根据自己的兴趣进行适当的文学创作，如小小说、散文，也可以进行文体创新，同时要求他们不自觉地运用写作技巧。

对于写作水平中等的学生，要求他们进一步规范强化写作技巧，写出文体特点鲜明的作文，做到言之有物、有序，语言流畅，没有语病。

对于写作水平较低的学生，可让他们对身边的生活观察后，写出较为完整的记叙文、议论文，要求写作有中心，体现一点写作技巧，语句尽量无语病。

作文教学乃系统工程，语文教师一定要有全局观，做好初中三年写作教学的统筹安排，同时，教学中体现一点辩证法，在"放收放"的过程中，使学生的写作水平得以螺旋式上升。

教学改革之路

走出墙角

那一处墙角，经过长期的风吹雨打，竟然生长出一朵小黄花。

它刚立足于世间，便好奇地环视四周。但这是一个阴暗潮湿的墙角，四周都笼罩在一片晦暗之中。

它不禁皱了皱眉头，抬头望了望搏击长空的雄鹰，一种仰慕之情油然而生。瞧，它们在那无垠的空中，扇动着雄健丰满的羽翼，自由翱翔。

小黄花很不甘心，同是世间生物，为何自己就要生存于这个被人遗忘的墙角之中？这时，它听见墙角外有几个小朋友正在一起玩耍，还有人在背古诗："白日不到处，青春恰自来。苔花如米小，也学牡丹开……"虽然它听不懂，但它却萌生出一个想法。它要走出墙角，朝外面的世界看一眼，哪怕一眼也好。这样想着，它不禁又抖擞了一下自己的叶子，好像又展开了一点。

小黄花把自己的想法告诉了邻居青草，却遭到了它的冷嘲热讽：我们就这个命，不要异想天开，也别怨天尤人，听说外面危机重重，还不如这里呢！

小黄花不信，它不愿永远做个"井底之蛙"，它虽如苔，却也想学牡丹开。

一个偶然的机会，一个与小伙伴玩捉迷藏的小男孩踏入了这人迹罕至的墙角之中。

小黄花被脚步声惊醒，它眼前一亮，兴奋得手舞足蹈。小黄花轻声叫喊道："喂，你好。"声音传到了小男孩的耳边。

"你是谁？"小男孩好奇地询问着。

"我是墙角边上的一朵小黄花。"小男孩蹲下身来俯视着小黄花，"叫我有事吗？"

"我想让你带我离开这儿，看看外面的大千世界。"

"你是说要将你连根拔起吗？"小男孩吃了一惊，"那样你不就没命了？还去看什么大千世界，这儿挺好的！"

"拜托你了，我——"外面的声音打断了小黄花的话。

"我们该回家了。"

小男孩立马站起来，头也不回地走出去了墙角。

小黄花叹了口气，花瓣微微低垂，身姿却依然坚强挺拔。邻居青草不屑地看了它一眼，笑道："也只有你这么傻，你看吧——你要是什么奇花异草，别人或许还会把你带回去种植，可你——"

小黄花不予理睬，重新将花瓣舒展开来，随风轻轻地舞动，似在表示对青草的不赞成。用青草的话来说，小黄花又在做白日梦，青草无奈地摇摇头。

小黄花每天都在等待着每一个难得的进入者，但青草却讨厌这些不速之客的打扰。小黄花幻想墙角外的样子：蔚蓝的天空，碧绿的草坪，竞相绽放的鲜花，姐妹们迎来一只只嬉戏的蝴蝶。想着想着，小黄花陶醉其中，心中的那个信念更加坚定了。

有一天，一群"红领巾"进入墙角，准备清扫墙角卫生。小黄花彬彬有礼地向他们诉说："我是一朵小黄花，我想出去瞧瞧，你们能帮助我吗？"

这群"红领巾"原本还比较好奇，耐心地听它讲述，可仔细一听，便笑笑走了。

只有一位"红领巾"同情地望着小黄花，说："我答应你！"

小黄花激动得热泪盈眶，不住地道谢。

次日，青草眼睁睁地看着小黄花被放入花盆带走了，羡慕不已。

就这样小黄花走出了墙角，看见了流光溢彩的世界。后来，它被人们发现它是一种很好的药材，可用于制药。

如今，小黄花的子子孙孙都在谈论着它，它们都始终牢记小黄花的话："白日不到处，青春恰自来。苔花如米小，也学牡丹开……"

我爱这土地

　　当雁群渐渐远去，才发现，故乡一点点靠近，摘下一朵无边的云，便望见，九月的稻谷、腊月的门神……我感到，我的心里爱她，爱得越来越深。

　　我亲爱的家乡，别来无恙，您一切可好？

　　只有离开家乡，才会真正感到，平常是那么无足轻重的故土在游子的心里是那样割舍不下，令人魂牵梦萦。在和远方打工的父母团聚十多日后，我带着对故土的思念，对家乡奶奶的思念，踏上了回家的路。

　　背着沉重的衣裹，我伫立在人潮汹涌的车站，仿佛只有此刻，我的心好像站在幸福的彼岸，温暖温馨，清晰可见，那是魂牵梦萦的憧憬，浮动的心只有到了那里，才像星星归宿在水一方……"检票，上车了！"思绪由远方辗转到了那辆近处的公共汽车，随着人流我踏上了车，找到一个倚窗的座位，瞭望着远方无尽的思念……

　　冥冥之中总有一股无形的力量，让有些晕车的我涌起花香弥漫四野般的悲伤。长途汽车行驶在归乡的路上，隔着透明的玻璃我看到远方蜿蜒的小路，和瓦房上那缕袅袅炊烟，只是刹那间，农家小院的情景就消失在眼眸，树木也像翻页一样滑过。这是我第一次离开家，到远方看望打工的爸妈，以前我告诉自己，总有一天要离开这个贫瘠的小山村，去满是高楼大厦的都市寻找自己的梦想，那憧憬是蟋蟀炽爱

教学改革之路

着秋天的坚毅，是雄鹰飞向苍穹的执着，是一个被尘埃覆盖、孜孜以求的女孩化蛹为蝶的蓝色梦想。若干年后，迈进理想殿堂，站在高楼大厦前，蓦然回首，却发现身后是彻夜喧嚣的城市，灯火通明的街铺，拥挤的楼房，繁华的巷尾，自己身在其中有些自惭形秽，那种陌生引起的恐怖感深深刺入我的胸膛，传送着无法言喻的孤独，惆怅，失落……说不出如斯的寂寞，我终是蝴蝶，飞不过思念的沧海。那远方的、被自己梦里寻百度的故乡啊，你把我的思念扯成丝缕，剪成情丝，挂念着远方，挂念着奶奶，挂念着那一山一水、一草一木。

车上，疲倦扰乱着我的双眼，我枕着思念沉入梦乡，梦到余晖洒在乡间的小路上，路的两旁，树影婆娑，野花依稀，我在小桥边踩踏玩水，唤着群鸭，梦的深处还仿佛嗅到了故乡泥土的芬芳。

"小姑娘！醒醒，到站了！"

朦胧中，我看到一剪纤细的倒影，那是通往家乡站牌指示的方向。我拖着疲倦的身躯，换乘了归家的最后一班车。远远地，看着那柔柔的夕阳映着故乡山坡的轮廓，我喜悦的神色无法掩饰，就像找到了分别多年的故人，那样欣悦，那样亲切，那样温暖！

我拿出手机，打通家里的电话，电话那旁传来了一个温柔又熟悉的声音："妮儿，快回来了？"

"嗯，奶奶，我坐上本地的车了，您别担心！我很快就到家了。"

"坐一天车了，我给你晒好洗澡水了，还给你做了你最爱吃的芹菜炒肉丝……"

"嗯，奶奶，咱回家聊，我先挂了！"

放下手机，透过车窗，看着故乡的山和水，我仿佛看见门前的那棵松树，而奶奶正倚在松树边的槐树上。

老屋后袅袅升起淡灰色的炊烟，我紧握着思念的瓶子，生怕摔下破碎。那一刻，我茫然发现：如果失去了小山村，我就成了断线的风筝。如果离开了亲人，我再也找不到安放之所。因为我的心永远在那不太宽裕的小家，我的根在故乡！

我爱故乡的土地，爱得深沉。

让每个生命诗意地栖居

一、诗意校园——无言的教育诗

菁菁校园，芳草如茵；花草树木，错落有致；五彩花园，潺潺流水，饶有趣味……移步换景，每一步都会有一股清新的气息迎面扑来；触景生情，每一处都如一首沁人心脾的唐诗令人如痴如醉。这就是防山镇中学。

走进校园，迎面而来的是庄严肃穆的孔子像，后面是一面精致典雅的墙，墙上写着《论语》中的经典语录，铭刻字体为篆意隶体，隽永秀气。《论语》墙后面是金光闪闪的几个大字"志于道，据于德，依于仁，游于艺"，凸显孔子的教育思想。在孔子像前，我校每年都举办入学和毕业典礼，以及经典诵读等活动。在孔子像下，我们每日在晨光熹微中迎接勤奋努力的学生，在暮霭沉沉下目送收获满满的他们。沿着弘道路徐徐而来，新铺的塑胶操场红绿相间，耀眼的红，养眼的绿，汇成一道亮丽的风景线，吸引着每位师生的眼球。"儒家文化角"点面结合，着眼于历史感的营造和传统思想精华的挖掘，无声地叮咛着每个孩子"学而时习之"，重温孔子精心传授的六艺；"儒家新艺展示"也悄然提醒着每个孩子"温故而知新"，引导他们在潜移默化中学会审美。转入崇文路，"畅想园"的花草树木俯仰生姿，浓浓饱含着学生成长的乐趣；楼道内精心布置的展牌、走廊中悬挂的师生书画、班级内的文化建设等，无不彰显着浓厚的传统文化气息。

围绕"争做少年君子"活动，学校全力构建儒雅校园，为学生营造独具儒家文化韵味的校园环境，让他们漫步校园就能感染熏陶。学校建设融实用性、艺术性和启示性为一体，突出校园环境的服务和育人功能，彰显深厚的文化底蕴和独特的文化精神。新建的学生公寓、学生餐厅、塑胶操场等，布局合理，设施先进，无言地向学生诉说着防山镇中学的理想与卓越……整个校园如同一首无言的教育诗，浓郁的儒雅气息浸润着每一位师生，俨然已成为一方精神家园。

二、阳光课堂——蓬勃着盎然诗意

一座普通的教学楼，一间普通的教室，学生三五一群，两个一伙，争得面红耳赤，他们时而搔头思考，时而欣喜若狂。其实，这仅仅是我们学校的一节常态课。走进清洁优雅、书香满园的防山镇中学，你会不时听到教室里传来激烈的争论声，看到讲台上学生正滔滔不绝地讲解，这是学生在积极讨论，大方展示。他们不仅参与课堂，还要主宰课堂。学生常常底气十足地说："我的讲台听我的，我的课堂我做主。"在这样开放式的课堂上，学生的表现是那样阳光，他们不觉得是在上课，而是在享受诗意。阳光课堂犹如一股清新的海风，让每个孩子在盎然的诗意中陶醉。

语文组徐老师上《丑小鸭》一课时，在质疑环节中，有一个小组的代表向她提出问题："为什么漂亮的天鹅，小时候这么丑呢？"

一个同学站起来说："我从《动物世界》看过，天鹅小的时候的确是灰色的，不太漂亮。"

另一个同学说："就像毛毛虫变成蝴蝶，只有经过蜕变才能绽放美丽。"

还有一个同学说："我们要像丑小鸭一样，不怕挫折，战胜困难，就能梦想成真。"

听到这里，教室里所有人都会心地笑了。

同学们你一言，我一语，教室里一片沸腾。徐老师惊讶于学生的思维和表达能力，激动地说："同学们说得太好了，老师相信你们，只要坚持不懈，勇于拼搏，就能飞向蓝天，搏击长空。"

在防山镇中学，像徐老师这样以预学习为基础，以小组讨论展示为基本形式，教师点拨、学生互动的课堂教学，已经覆盖到所有班级和学科，颠覆了传统课堂，形成了崭新的以学为主、以学定教的教学形式。

三、经典诵读——诗意中成长

结合我校寄宿制特色，我们分阶段分层次制定了三个学习主题：七年级——学会生活，以习惯养成为主线，生活自理，学会感恩；八年级——学会做人，以自律和人格培养为主线，与诚信为伴，铸刚毅品德；九年级——学会审美，以砥砺志趣和丰富精神内涵为主线，诵千古美文，学一技之长。学校还以"防山颂"为主题，开展了"寻访家乡优秀传统文化"实践活动，开发了"我爱家乡传统文化"校本课程。围绕《论语》话题，开展研究性学习活动，如：引导学生调查孔子及其弟子有关传说及故事；引导学生调查家乡与孔子、颜子有关的节庆、传统习俗及渊源。为缅怀先师孔子，学校还开展"读论语，敬先师"教师读书活动，组织读书沙龙，向孔子学习教育方法，感悟教育真谛。同时，学校以"校园文化艺术节""最是书香能致远"读书节等活动为载体，激发教师的热情，张扬学生的个性，让校园成为生命成长的乐园，营造出浓厚的"激情·拼搏·青春·创造"的校园文化氛围，浸润着每一个渴望成长的生命。

经典使人趋真向善，经典使人宁静致远，经典使人焕然一新。学校开展的一系列活动，使很多孩子发生了脱胎换骨的变化。下面让我们来倾听一下孩子们的心声吧！

教学改革之路

八年级五班的黄同学：以前我总以为人活着无非是为了吃好、喝好、玩好，就想在学校混日子，心里空虚，做事浮躁。一月前，在传统文化课上学到一句话："饭疏食饮水，曲肱而枕之，乐亦在其中矣。不义而富且贵，于我如浮云。"（《论语·述而》）这句话像一道闪电一样照亮了我的内心，我顿悟了：自己之所以空虚、浮躁是因为没有文化的滋润。同样的生活状态，因为语言表述，表达了不同的价值理念。有了文化定心后，我也有了一颗平静的心，可以远离浑浊，志存高远。

八年级三班的宋同学：以前我总感觉我们班一些男生很不文明，满嘴脏话。但是诵读活动一年后，班级里这些男同学的一言一行都文明了很多，他们的气质也变了。"腹有诗书气自华"，一点都不假。

防山脚下，兰花静静绽放；沂河之畔，孕育儒雅馨香。让我们的阳光校园，沐浴德泽灵光，更加富有诗意。让每个生命诗意地栖居，健康地成长。正如王校长所说："我们要让我们的师生走出防山中学后，有着与众不同的气质，这种气质使他们遇到人生的坎坷、世界的风雨时，可以抱着一种诗意的人生态度去坦然面对。"

坚定地踏上教改之路

教育就是这样一个越深究越让人惊奇的领域，表面的东西一直那么清晰，可一旦抓在手上，却像滑滑的泥鳅，可以若隐若显地感知，但很难抓紧。新课程改革已经很多年，回头再去看我们的课堂，有惊喜，有感叹，但更多的是一种难以名状的忧虑和无奈。仍有一部分教师思想僵化，缺少高层次的专业引领，走不出课堂高耗低效的迷局。

那么高效课堂的路在何方？"穷则变，变则通，通则久。"（《周一·系辞下》）我们要让学生唱响讲台，成为课堂的主人。经过一系列调查研究和征求意见后，学校对课堂教学提出了新要求：一是限制教师课堂上的讲解时间，不能超过15分钟。二是教学形式要以对话式为主，师生之间要以平等的关系进行交流对话，教师不能独霸课堂，要营造宽松和谐的气氛，把课堂还给学生。三是教学方法要以启发式为主，"不愤不启，不悱不发"（《论语·述而》）。也就是说，教师要以学生为中心，让学生在学习过程中自始至终处于主动地位，让学生主动提出问题、思考问题，然后解决问题，教师只从旁边加以点拨，起指导和促进作用。

学习的课堂教学三项规定出台了，尝试者有之，怀疑者有之，大多数还是"任尔东西南北风，我自岿然不动"的情形。于是，学校决定打出组合拳。

一是抓培训。每周五组织教科研培训，学习先进的教学理念和课堂模式；各学科教研组集体备课，组织听课评课；各班级划分学习小组，进行小组量化管理。

二是找载体。2012年5月，学校申报的"小组合作，分层达标"校本研究被济宁市"十一五"规划课题正式立项。这项课题由校长亲自主持，教师全员参与，各学科教研组长领衔，分别打造自己学科的课堂教学模式。

三是走出去。各学科课堂教学模式初步成型后，大家一起总结课堂实验的一些问题，如学生的展示缺少高度，课堂教学缺少知识的生成过程，小组之间不会质疑追问，教师的点拨也缺少规律性的总结，同时，教学过程中知识拓展度不够。于是，校长将全校的任课教师分两批赴杜郎口中学参观学习。在那里，老师们看到了多彩的小组文化，高效的合作交流，精彩的学生展示。经过系统的学习，全体老师确实有了"柳暗花明又一村"的感觉。

四是硬落实。为强力推进课堂教学改革，学校抓住评价这个"牛鼻子"，采取一系列措施。第一，老师们的备课必须体现课题教学模式，在业务检查的时候，如果达不到要求，等级不能为A。第二，采取领导干部推门听课、级部主任、班主任蹲班听课的方式，加强平时的课题研究管理，听课后检查教师的教案，并及时反馈。第三，推荐参加上级组织的教学业务比赛时，凡是课堂教学不符合学校课题实验改革精神的，采取"一票否决"制。

老师们行动起来了，学生们活跃起来了，课改之路便畅通起来了。因此，无论是教育观念，还是教学结构，都朝着以学生的学习为中心这一核心转型。可见，以学生的学习为中心组织教学，以学定教，是教学的铁律。所以，解放课堂，把课堂真正还给学生，还学生主人翁的地位，是学校"小组合作，分层达标"课题改革的宗旨，也是我们一直努力的方向。

高效的课堂教学改革

一、小组成员互助，打造高效动车组——这是课堂得以解放的强大动力源

动车之所以高速，是因为它使用了一种动力分散技术，把动力装置分散在每节车厢上。动车运行时，不光机车驱动，车厢也有驱动，从而达到高速。而普通列车依靠机车牵引，是一种动力集中技术。正所谓，火车跑得快，全靠车头带。这和我们的教学改革何其相似。传统教学就是一种动力集中技术，只有教师和个别优秀学生有动力，老师是火车头，努力地带着所有学生跑，但是部分学生似拖车缺乏动力，教学效率自然低下。而现在我们的"小组合作，分层达标"课题教学策略就是动力分散技术，通过小组成员互动，打造高效动车组，让每个学生都能得到充分的解放，都有动力，都能积极带有激情地参与课堂学习，那么学习效率自然就提高了。

一是科学分组。班主任针对各班的具体情况，按照"同组异质、组间同质"的标准，将班级的学生按学业成绩，兼顾男女性别、性格特点平均分为A、B、C三个组别。每组推选出一名学习优秀、组织能力强的学生做组长，一位认真心细的学生做副组长，共同管理小组。对于"小组合作，分层达标"教学模式，从表面上看，同传统教学模式的区别在于小组排位呈方阵形，小组成员面对面坐。但其实质在于学生以小组为单位，在教师指导下进行小组自主合作探究学习。如果把一个班级比作一个大家庭，那么每个小组就是组成这个大家庭的小家庭。

二是打造小组文化，培养合作互助的团队精神。各班根据课题的实施情况，设计班级文化，如设计了"课堂展示一分钟，即将成就你一生""我的课堂我做主""课堂大舞台，人人展风采"等标语口号。利用教室的墙壁、黑板和走廊，宣传活动主题，张贴标语，如"做主课堂，实现生命的狂欢""合作生智慧，交流出方法""小组就是一个小家"，让每一面墙壁都会说话，使每一个孩子在潜移默化中受到感染和熏陶，为课题实验工作的开展营造良好的环境氛围。

三是进行小组培训。做好小组培训工作，尤其是小组长的培训，是高效学习的前提和保障。由教务处组织专门教师，对班级的学习小组组长进行每周一次的集中培训。培训的内容包括：充分利用蚂蚁理论、雁群理论，调动学生的团队合作意识。教育学生明确合作互助的重要性，领悟到六人是个动力组，小组强大，我就强大，我助人人，人人帮我。同时，合作过程中，也引进PK法则，鼓励组内、组际竞争，培养学生的创新精神。小组长还要对自己的角色进行合理定位，要勇于担当，有强烈的责任心，要时时约束自己的一言一行，处处起到榜样示范作用。在这种责任的驱使下，小组长会快马加鞭自奋蹄，加倍努力，使自己的思维和语言表达越来越清晰。

要引导小组长在课堂上发挥更大的作用，就要培养小组长的检查督促、组织评价、协调帮助能力，还要培训小组长的思维走向、学习方略和健康心态。小组长对每个题目不仅仅是听得懂、做得对，更要讲得清，学会如何分析题目，如何理清解题思路，如何梳理知识结构，帮助组员学会学习、交流、展示，激发全组同学激情参与课堂学习，给每个同学注入学习动力。这样每个同学在课堂学习中，身心都得到了解放，都成了动车，而不是拖车，大家都积极自学，独立思考，争着提出问题，争着向别人请教，争着想办法解决，实在解决不了，才由教师予以点拨。这样的课堂就会激情四射，魅力无限。

二、注重点滴细节，严格规范学生——这是课堂得以解放的强力催化剂

没有规矩，不成方圆。严而有格是学生在课堂得以解放的有力保证。"严"就是要形成规范，"格"就是要遵守学习规律和青少年心理发展规律。严格规范和解放课堂是辩证关系，只有严格规范，养成良好的学习习惯，课堂才能得以真正解放，学生才会飞得更高、更快。基于此，教务处对学生课内外学习每个环节做了严格的规定，要求班主任、教师和小组长做好严格监督及量化管理，并通过专题讲座、现身说法和经典案例等多种形式进行培训，使之内化为学生自觉的行为。

（一）预习展示，明确目标

预习是新课堂的前提。教师就课程重点、难点为学生精心设计问题，适当增删学案内容，注重知识的生成性、层次性。任课教师利用课前检查或抽查学生预习的情况，了解学生的学情，确定是否对学习目标进行调整。在明确课堂学习目标上要求：准确展示集体备课确定的三维学习目标，知识与技能目标要明确、针对性要强，易实施、易达成且效果好，如准确理解……、灵活运用……，切忌模棱两可；过程与方法目标要体现小组合作探究的学科知识规律和方法；情感目标要充分调动学生的课堂参与性。（可提前2分钟写到黑板上，同时也起到提前让学生进入学习状态的作用）教师可以利用简单的语言进行解读，通过对目标的强调或用彩色笔的圈画来加深学生的印象，让学生脑中有目标，时时围绕目标来学习。在这一环节的处理上，原来课堂重视不够，对于目标的设计流于形式，没有紧扣目标进行教学，继而对目标的达成度关注不够，出现了"哪里黑了哪里住"的现象，甚至游离于目标之外。

（二）自主学习，合作探究

学生自学时，教师要善于巡视，进一步了解学情，调整教学思路，最大限度地了解学生遇到的疑难问题，并梳理归纳，为点拨质疑奠定基础。教师及时引领小组长组织全组分层展开讨论，让学生说出自己的思维过程和方法，形成思维的碰撞。通过小组学习，解决学生质疑的、教师预设的、课堂生成的典型问题，让学生教学生、学生帮学生。小组合作交流后，教师对各小组的探究情况以分数的形式进行量化。

（三）代表展示，师生点评

展示是课堂教学的关键和核心，可以在黑板上演示，也可以口头展示，各小组间竞争、抢答、质疑、辩论、补充。

根据课堂中新生成的问题，教师要及时抓住这稍纵即逝的机会，善于创设情境，布设疑阵，诱导学生步步探究。精讲、点拨、释疑，教师要做到学生会的一定不讲，学生不明白的一定讲清楚，真正做到"因学施教"。

教师还要及时对学生的表现情况进行点评，做到以下几点：

一是针对学生的展示，表扬好的步骤、方法，指出学生讲解时出现的问题。

二是对学生模棱两可的问题，做出肯定的答复，指出正确的解题方法。

三是对重点问题再以跟踪练习加以巩固，并总结这类问题的解题方法和解题规律。

四是采用即时性评价。根据各小组展示和点评的情况，准确评价小组表现，做到小组评价激励到位，充分调动每个小组、每个同学的积极性。

五是老师的点评要语言简练，直入重点，讲方法、讲规律，重点强调、难点点拨到位。教学过程中，每达成一项学习目标都留一定时间让学生整理，当堂落实。

这个环节处理上我们碰到过这样的问题：就是部分教师每节课都感觉时间不够用，很多时候都无法按时完成教学任务。但昌乐二中的做法给了我们一个启发：教师要根据学情，准确把握学习内容的疑难点，确定展评内容，不能为展示而展示，更不能为点评而点评。

（四）达标检测，回扣目标

留下5分钟左右的时间，让学生完成当堂检测。题目的设计体现出层次性，既是巩固所学知识，又是检查落实。回扣目标的意义在于引领学生梳理学习目标的达成情况，让教师向45分钟要质量，打造高效务实的课堂。

（五）梳理清底，拓展提升

留下至少3分钟的时间，采取记录或双色笔圈画的形式让学生梳理本节课的疑惑点，总结学习思路和方法，为每天、每周、每月一次的系统清底做好积累。课代表统计本节课各小组得分，评出最佳小组和优秀个人，纳入班级评价体系；对最佳小组和优秀个人给予激励性奖励（如掌声激励、口头表扬）。下课前，教师引导学生进行问题反思，开拓思维空间，将问题规律化，形成解决问题的方法和模式。

三、建构完善课改模式，实现课堂的彻底解放

经过不懈探索，课改实验渐渐从青涩走向成熟，我们摸索着，痛苦着，快乐着，享受着，使学生从课堂中解放出来，成为课堂小主人。

（一）把探究权还给学生，使课堂变成快乐课堂

我们的课堂教学改革模式可以概括为：探疑—质疑—释疑—留疑。探疑阶段，预习中不断鼓励学生发现并提出问题，对学生提出的新奇想法，哪怕看起来很荒缪，也要给予鼓励。质疑阶段，学生通过交流，实现了思维的碰撞。释疑阶段，各小组间竞争、抢答、质疑、辩论、

教学改革之路

補充。教師根据学生展示，诱导学生步步探究，点拨释疑。留疑阶段是知识的应用阶段，课堂教学要给学生以极大的余地和广阔的探究空间。课堂教学改革要让学生始终掌握着探究权，驾驭着课堂。这种学生间的互动交流，增进了学生间、师生间的情感，也使学生享受着探究的乐趣。

（二）把时间权、学习权送给学生，使课堂变成学生自己的课堂

课堂学习的五个环节，给学生提供了展示的舞台，让每个学生大放光彩，每个学生脸上都洋溢着自豪、笑意，表现的是那样阳光。学生以主人翁的姿态，参与到小组合作中来，真正去思考问题，参与讨论，发表看法，从而解决问题。大部分学生都能敢于上台讲解，抓住重点、深入分析，还能提问同学，增强互动，有的还能运用教具演示，直观形象。很多学生表现得落落大方，俨然一副老师模样。他们时而安静地自学，时而热烈地讨论，时而大方地展示，还经常两两热火朝天地边讲边练，甚至窜位讨教。"不愤不启，不悱不发"，老师逼到不讲不行的时候，才会逼上梁山，讲解点拨。即使那样，老师也会惜字如金，三言两语，用最简洁的话传道授业解惑。整节课，教师引导、点评、总结、提升，用时不超过15分钟，真正实现了教学价值的浓缩。

（三）把话语权送给学生，使课堂变得激情四射

美国教师德鲍拉说过："教重要的在于听，学重要的在于说。"这是因为，语言是思维的外衣，只有让学生充分表达自己的想法，才能培养学生的思维能力，学生的话语权才能得到尊重。学生得到的尊重越多，就越能刺激思维的积极性和表达的能动性。同时，学生表达得越多，其思维的过程暴露得就越充分和越彻底，从而给教师提供了更多的教育机会。

让课堂充满七彩阳光

课程改革后，课堂上教师占用的时间大大压缩了，教师的"教"演变为了"导"，由台前退居到了幕后，那么是不是教师就可以轻松了，教师的作用就可以忽视了？恰恰相反，新课程改革对教师的教学艺术和自身素质的发展提出了更高要求。研讨新的教学艺术，提升素养，转变形象，让课堂充满阳光，便成为我校教师的新的教学理念和不懈的追求。

一、校本培训，转变理念，促进教师角色转变求发展

学习新理论，特别是努力学习新的课程标准，定期开展"教改心得讲坛"，为促进教师角色转变搭建平台。不仅如此，学校又建立了立体化校本培训网络。在纵向上，以学科组为单位，以学习课标、教材、昌乐二中教学模式、听课评课、授课研讨为主，重点完善本学科的课堂教学模式；在横向上，以级部为单位，重点研讨本级部学生特点、发展变化、同一学生不同学科学习情况以及学生的情感体验。学科学习由学科教研组长负责，整个学科的学习研讨情况、学科教学与学科教研组长考核挂钩；级部学习由级部主任负责，级部教师考核、学生的成绩与级部主任考核挂钩。学科学习与级部研讨交叉进行，探讨知

教学改革之路

识研究与学生学习并行。

网络化培训使所有的教师对自己的角色做了准确定位：

一是导航：精心指导学生自主学习。学习各环节中，教师退居到幕后，扮演引导者的角色。精心设计问题指导预习；创设问题情境，导入新课；了解学生的预习，以学定教，共同制定目标导航；参与学生小组交流，引导学生展示；点拨、释疑，引导学生问题反思，学法总结。

二是倾听：耐心倾听学生的回答。真正有效的教学是倾听，而倾听的关键是要让学生感觉到教师在等待和用心。

三是放手：精心点拨学生。最好的爱是放手。美国教育哲学家布鲁巴克认为：最精湛的教学艺术，遵循的最高原则就是让学生自己提问。教师放手让学生去展示，让教室成为学生展示才艺的舞台。

四是激励评价：真心激励学生去表达。对于精彩的展示，多一些喝彩；对一些离题的展示，要肯定学生的积极思考。努力改变传统的"你展示，我评价"的方式，形成师生、生生、自我的纵向和横向的多元反馈评价网。

二、集体备课，注重磨课，提高教师教学艺术求发展

一要加强集体备课，引导老师精心研究课标、教材、教法、学法，提炼形成适合学校情况的导学案。集体备课的程序是：先集体研讨确定目标—主备人备课—再集体修订—反思调整。集体备课的核心是：哪些是学生学得会的，哪些是学不会的，如何让学生会，教师要有哪些预设。备课的起点是老师了解学生已经知道了什么，还能教什么。

二要注重磨课，开展课题改革过关课活动。学校先由领导、学科组长带头上课题示范课，然后青年教师上过关课。课前由学校组织专门人员对教师的备课进行质量把关，要求每一个环节进行精心设计；课后立即由校领导和本教研组教师进行集体会诊，侧重于教师理念的转变、学习目标的落实与学生学习的分工、参与度。对不能过关的教

师，要求立即整改，然后进行跟进式听课，什么时候过关什么时候结束。

三、科学管理，营造良好教育环境求发展

实行"三不"科学管理，为教师营造良好的教育发展环境。

一是不论年龄大小，只要在课堂上，就必须坚持课改，从而让学生适应、习惯新的课堂模式。加强日常课堂检测，坚持推门听课制度，加大日常课堂检测的力度。对于检测结果要及时反馈，将听课表及时交给任课教师，并在每周例会上公布检测结果。

二是不以唯一的、最后的教学成绩论英雄，进一步激励引导教师进行课堂改革的信心和决心。

三是不以金钱奖励为唯一标准，用分数给予量化考核。增加量化考核的比重，纳入学校《教职工量化考核方案》，作为教师推优上岗、评优晋级、职称聘任的重要依据。在执行制度的过程中，一定要做到公平、公开、公正，让教师心里有安全感。再就是要尊重教师，使他们生成一种积极的心态，会全力工作而无怨无悔，会为自己的工作感到自豪。

推进名师培养工程：给予教师更多的专业引领，在具体的操作上用心、用情、用智慧，在有效性上做足文章，做出成效，做出表率；引导教师课堂上有更加洋溢的激情，课下有更多冷静的思考，对追求高效课堂有更多的专注，从而增加更多的教学智慧。

四、文化引领，努力打造学习型校园求发展

启动园丁读书锻造工程。学习新的课程标准，读经典教育著作，持续开展以阅读的方式过假期，定期开展"心得讲坛，做博学儒雅教师"活动。在寒暑假之前，学校下发假期阅读要求，根据图书室藏书进行好书推荐。每学期举办教师论坛、读书报告会等活动，让广大教

师畅谈所读、所思、所想，营造阅读氛围，共享阅读成果，把阅读促进发展、阅读促进成长的理念植根在每个教师的心田，进一步积淀教职工文化内涵。

课改在行动，其紧迫性促使着我们在课改的路上苦苦求索，酝酿一个新的"阳光课堂再打造"工程。该工程由对小组长的培训辐射到对小组全员培训，为学习"动车组"注入更大动力；以深化"小组合作，分层达标"课题研究为契机，进一步打造阳光课堂，由知识传递方式转变为知识发现方式，由能力训练方式转变为反思、优化方式，让每个孩子拥有更多的话语权、更大的活动空间、更高的投入度和参与度，让每个孩子的才华从斗室中释放出来，充斥于天地之间；让学习目标成为贯穿每堂课的主线和灵魂，提高学生学习的内驱力；让学生问题暴露得更充分，让学生的相异思维和思维过程展现得更充分，从而使教师在每个环节都能做到有的放矢，价值取向明确。只要我们以学生的发展为本，以实现高效课堂为核心，以自我价值的实现为追求，那么，阳光课堂就一定能给我们的孩子播撒更多更温馨的阳光，就会有更多的孩子演绎更精彩的故事。

东风吹放花千树，激情唤醒心万颗

教育的根本是唤醒生命，教育的关键在于激活智慧。如何唤醒每个孩子的生命潜能，让所有孩子的学业共同成长，还所有的孩子一个快乐的校园，是学校教改的当务之急。恰逢其时，石家庄精英中学激情教育给我们送来了及时雨。精英中学通过课改唤醒了学生的生命意识，激发了学生的学习热情，激活了学生的潜在智慧，挖掘了学生的学习潜力。可见，唤醒了热情，学生才会忙而不累；激活了学习智慧，学生才能唱响课堂。

一、"345"教改新举措，以激情唤醒生命，以规范打造高效课堂

（一）"唤醒—激励—竞争"三种心理疗法，立足生命教育，推进学生精神、学业成长

唤醒。贯穿"小组合作，分层达标"教学模式的一个中心主题就是唤醒，唤醒学生的生命，唤醒学生的潜能，唤醒学生的激情。唤醒学生最好的方式就是小组培训，为此，教务处组织专门教师，对学习小组及组长进行每月一次的集中培训。培训会上，培训教师对学生说："教育，就是给生命以生命，就是以一个生命照亮另一个生命。""你能

激起多大的激情，就能成就多大的事业"。学校印发《学生自学、合作、展示规范》，利用广播，组织学生统一学习，规范学生合作、展示的细节，减少无效合作，避免精英展示。组织小组长培训，就是要增强小组长的责任意识，提高小组长的管理能力。班级每周通过量化积分，评出星级小组，学校每学期评出优秀小组，表彰优秀小组长。学校通过制定统一的小组评价制度，推动小组量化评价。同时，组织小组间相互挑战，同层次学生相互PK，激发学生积极向上的斗志，挖掘学生的学习潜能。

激励。学校按学期评选出希望之星、进步之星、优秀组长等，校园内到处张贴制作精美的激励性标语。而且，学校定时开展誓师大会、每日宣誓、国旗下讲话等丰富多彩的活动，意在鼓舞学生士气。

合作中竞争。雅斯贝尔斯说："教育不是有知者带动无知者，而是人对人主体间灵肉交流的活动。"小组合作充分体现了这种教学理念：师生彼此走进"你""我"，用心交流，用心感受。小组成员各有分工，相互理解、接纳、激励，自由地展现各自的思维，沉浸到共同营造的诗情画意之中。

（二）"激情文化—集体备课—领导巡课—集体磨课"四部曲，聚焦课堂，以提高课堂效率为生命线，引领教师专业成长

打造学校激情文化，焕发每个教师的激情。学校开展一系列的评优活动，引导全校教师激发工作热情。如：评选最富激情的年级部、备课组、五大激情班主任、五大激情班集体等。教师要扮演好激情发动机的作用。最好的爱是放手。美国教育哲学家布鲁巴克认为：最精湛的教学艺术，遵循的最高原则就是让学生自己提问。赫伯特·蒂利博士甚至建议，每天在课堂上拿出10到20分钟作为提出创见的时间，由教师提出一个实际问题，引导学生讨论。把引导学生质疑作为教学研究重点，以此为突破口，培养学生探究能力和好学精神。同时，放手让学生去展示，让教室成为学生展示才艺的舞台。

集体备课，助推激情教育。学习精英中学激情教研的灵魂和精神，

加强集体教研，每个教师均提前初备，强化备课组长的作用。备课组长引领教师形成统一意见，教学程序、选题、问题设计、时间的设置都经过慎重的讨论、推敲，最终定稿。利用每周的定期教研活动，引导教师精心研究课标、教材、教法、学法，提炼形成适合我校情况的导学案。集体备课的程序是：先集体研讨确定目标—主备人备课—再集体修订—反思调整。集体备课的核心是：哪些是学生学得会的？哪些是学不会的？如何让学生会？教师要有哪些预设？备课的起点是老师了解学生已经知道了什么，还能教什么。要求各教研组每周交一个单元备课或专题训练课和一个重点课时的课件，上传到云盘，实现资源共享。

领导巡课，保证激情教育。坚持巡课制度和值班检查，及时反馈督查。由校长、教务主任、级部主任组成巡课领导小组，推门听课，要求小组合作、展示，最后十分钟巡视一遍，确保达标测试时间，并及时将巡课结果反馈到级部。积极开展校长引领教研活动，主任引领备课活动，校长点课、评课和主任评课活动。教务处每个月对全校教师的备课、作业批改情况等进行检查，对青年教师进行教学专项检查。重点检查教案和作业批改记录，根据内容、质量划分等级，表扬业务优秀的教师，把量化结果作为教师考核的依据。

集体磨课，打造高效课堂。磨课是教师专业成长的一把利器。基于此，学校要求每位教师参与磨课。为使磨课建立在科学的基础上，教务处从"学生的学""教师的教""学科性质""课堂文化"四个维度精心设计了"学为主体，当堂达标"课堂观察表，并对课堂观察表的学习、使用提出了明确规定：课前由学校组织专门人员对教师的备课质量把关，对每个环节、细节精心设计；教研组长根据课堂观察表明确分工，观课教师带着任务进入课堂；教学研讨会上观课教师从各自观察维度发言，并存入"研讨会档案"。

（三）规范五步课堂流程，师生共创精神家园

学习了精英中学的"6+1"课堂教学模式，汲取精华，完善我校教

学模式的细节，教研组共同研讨制定出五步课堂流程，利用教研活动共同学习，增强教学的针对性、实效性，提高课堂教学效率。

精彩导入，明确目标（3分钟）。用图片、视频、故事、实验、游戏等导入，激发学生兴趣；学习目标要简洁、明确。

专题活动，探究思考（15分钟）。课堂内容分活动、板块或专题，题目简洁、有层次性；教师主导，语言简洁、有启发性；提问学生要以小组为单位，或叫号，减少齐答、点名次数。

小组合作，展示点评（15分钟）。合作要有合作内容、要求、形式、时间；合作前先独立思考，合作后要集中展示；组长组织学生轮流发言、补充；展示代表小组观点，到讲台讲解展示至少两个学生；展示完由其他1—2个小组点评、质疑；教师总结规律、方法技巧。

回扣目标，梳理清底（2分钟）。对照学习目标，小组内部先轮流谈收获，再派代表总结。

分层达标，检查评价（10分钟）。确保10分钟达标测试，分层布置，学生背诵或做题，背完或做完由组长检查，教师评价各组表现，运用小组量化得分。

这种课堂教学模式真正体现了学习的意义，发现、磨砺、升华自我，使其灿烂生光。因为这种精神的苏醒，生命的激荡，一间小小的教室无限延展，直抵人心宇宙，成为师生共同的精神家园。

二、"123"教学管理法，重过程，求精细，向精细化管理要质量

（一）"一日行为规范准则"，日清月结，强化管理机制，提高精细管理水平

强化日常行为管理，落实岗位值班。为规范师生行为，学校根据教师职业道德规范和学生日常行为规范，制定了学校教职工和学生"一日行为规范准则"。

建立领导值班制度。每天两位校委会成员昼夜值班、轮流上岗，

定职定责，对学校一天的师生活动做好监督检查、指导、记录工作，当天的工作当天完成，力争做到日日清、周周清、月月结。

落实责任承包的管理机制。学校实行了校长包年级、主任包班级、教师包学生的责任管理制度。

（二）"二配档"动态管理，重过程，求精细

任务配档，建立领导干部工作台账，实行日清周结月简报。

业务建档，建立教师专业成长档案，每学期对教师的业务分定期检查和平时抽查两种形式，并进行量化，计入到个人业务档案。

（三）"三层面的反思"，评价激励重实效

学生每日三反思。反思小组参与，改变学习心态；反思课堂收获，梳理知识结构；反思检测结果，巩固学习新知。

教师每课三反思。反思目标实现，强化学习效果；反思课堂氛围，促进学生多参与；反思课堂生成，引领学生智慧交流碰撞。

学校每周三反思。反思学生合作，强化讨论规则，促进学生整体进步；反思教师合作，强化集体教研，聚集大家智慧；反思领导合作，强化干部沟通，推进各口整合。

（四）评价激励重实效

科学有效的评价是最好的激励措施，学校在这方面的做法是：评选最受学生喜爱的课堂。教务处每班随机抽取一定量的学生对本班级所有任课教师进行量化打分，并写出评语，学校制作展牌对选出的优秀教师进行风采展示。

每学期都评选出"乐学之星""好学之星""优秀学习小组""文明宿舍"等，用奖励促进学生的健康成长和全面发展，同时，举办各种形式的挑战赛，如小组挑战赛、学霸争霸赛、解题方法大赛等，提高学生学习的激情、挖掘学生巨大的潜力。而且，通过"晒家风"演讲赛，评选"家校共建优秀学生家长"，形成家校共建的合力。

三、激情跑操，活力四射，建设儒雅文化，共创快乐校园

（一）组织激情跑操活动，让师生充满活力

学校以激情跑操为抓手，制订了《阳光大课间激情跑操方案》，确保活动的安全，并从集合速度、跑前诵读、队列队形、行进口号、服装统一、精神风貌等方面进行量化考评，考评结果一天一总结，一周一汇总。跑操要快齐，口号要响亮，队伍要整齐，精神要饱满。政教处要对每天的跑操及时点评、打分，通过激励手段，焕发每个学生、每个班级的激情，训练学生聚精会神的意志品质，提升学生的注意力，并使之迁移到学习中，提高学习效率。每天跑完操，通过学校点评和班级点评还可激发学生的合作意识、集体意识。

（二）加强快乐校园建设，让学生乐学

我们开展了丰富多彩的文体活动，组织书法、象棋、音乐、美术、篮球、足球、乒乓球等兴趣小组活动。我们还开展了"古诗文诵读比赛""唱响校园快乐成长国庆文艺展演""作文大赛""拔河比赛""汉字听写大赛"等活动。在活动中，同学们的个性得到了张扬，能力得到了锻炼，兴趣得到了发展，学校成为学生乐学的乐园。

（三）加强文化校园建设，让学生儒雅

我校充分发挥本校教师的智力资源，以语文教研组老师为主，结合曲阜传统文化特色，分两期设计了传统文化展牌及警示语，挂在了教学楼的走廊和校园的道路边等地。同时，积极开展"传统文化进校园""儒学大讲堂"等活动，营造出"时时耳濡目染，处处潜移默化""古儒文雅"的书香校园，培养阳光儒雅的当代中学生。

课改经历了繁华的表象，开始沉静下来，流向实效的深处，变得扎实深厚。课改不只是"改课"，更是一场传达人文教育理念、一场改

善教育生态的革命。静水流深，洗尽铅华。我们将围绕激情与高效课堂做大文章，从教师开始，从集体备课着手，用听评课、推门听课与制度建设做保障，确保课堂有效高效、校园活力四射，从而提高教育教学质量。学校领导层要给予教师更多的专业引领，在具体的操作上用心、用情、用智慧，在"有效性"上做出成效，做出表率。我们要善于引导教师学生转变角色，让学习小组成为"动车组"，让学习目标成为贯穿每堂课的主线和灵魂，提高学生学习的内驱力。我们要引导教师在课堂上有更加洋溢的激情，课下有更多冷静的思考，对追求高效有更多的专注。我们要进一步加大课题培训，通过教研学习，使每个教师增加更多的教学智慧，课堂上学会放手，让孩子有更多的活力，更大的空间，更高的投入度和参与度。只要我们坚持以学生的发展为本，以实现高效课堂为核心，以自我价值的实现为追求，那么，我们打造激情文化、建设高效课堂的目标就一定会实现。

教学改革之路

所有的成长，都源于一个支点

一个支点，让朴实的山村孩子脱胎换骨；一个支点，引领山村教师在专业成长的路上飞速起航；一个支点，让一所山区学校驶入发展高速路。

这个支点，就是曲阜市防山镇中学的"学为主体，分层达标"课题改革。"给我们一个支点，我们就要义无反顾，一直走下去。"校长如是说，"只要我们坚守这个支点，我们就能让我们的师生变得更加阳光，这种阳光气质使我们的孩子始终抱着一种诗意的态度坦然面对人生坎坷。"

向时间要质量，向强度要质量，不仅是对师生精力体力的掠夺，更不符合新的教育教学理念。2017年5月，学校申报的"学为主体，分层达标"校本研究被批准为济宁市"十三五"规划课题，一条属于自己的"学为主体，分层达标"的教学改革思路逐渐形成。

学校教学质量的攀升，源于教师的专业成长。学校以提高课堂效率为生命线，聚焦课堂，"观课—评课—磨课"三驾马车护航，引领山区教师专业成长。

磨课是教师专业成长的一把利器。基于此，学校要求每位教师参与磨课。为使磨课建立在科学基础上，教务处从"学生的学""教师的教""学科性质""课堂文化"四个维度精心设计了"学为主体，当堂达标"课堂观察表，并对课堂观察表的学习、使用提出了明确规定：课前由学校组织专门人员对教师的备课质量把关，对每个环节、细节精心设计；教研组长根据课堂观察表明确分工，观课教师带着任务进入课堂；教学研讨会上观课教师从各自观察维度发言，并存入"研讨会档案"。对不能过关的教师，要求立即整改，然后跟进式听课。

"学为主体，当堂达标"课堂观察表成为教师课堂教学的得力助手。有了这个助手，教师教的着眼点变了，从预设到生成所有教学环节始终关注着教学目标；教师的教法变了，更重视学法引领，"导"的作用体现得更完美了；课堂效率更高了，检测的层次性清晰了，达标的实效性突出了。课堂变成舞台，学生是主角，教师俨然成为导演。

学校、教师的成长，归结于学生的精神成长。如何唤醒其生命潜能，成为当务之急。学校立足生命教育，以"唤醒—激励—竞争"三种心理疗法推进学生精神和学业成长。

一要唤醒。贯穿"小组合作，分层达标"教学模式中的一个中心主题就是唤醒，唤醒学生的生命，唤醒学生的潜能，唤醒学生的激情。唤醒学生最好的方式就是小组培训，为此，教务处组织专门教师，对学习小组及组长进行每月一次的集中培训，帮助孩子叫醒一直沉睡在体内的生命意识。

二要激励。学校按学期评选出希望之星、进步之星、优秀组长等，校园内到处张贴制作精美的激励性标语。学校定时开展誓师大会、每日宣誓、国旗下讲话等丰富多彩的活动，鼓舞学生士气。

三要合作中竞争。"教育不是有知者带动无知者，而是人对人主体间灵肉交流的活动"，小组合作充分体现了这种教学理念，师生彼此走进"你""我"，用心交流，用心感受。小组成员各有分工，相互理解、接纳、激励，自由地展现各自的思维，思考、展示、碰撞、交流，沉浸到共同营造的诗情画意之中。

"两眼一睁，开始竞争"，早晨起床看谁起得早，上课看谁提前进入状态；课间操争速度，争队列整齐、争精神面貌；自习时争学习效率。小组成员之间、小组之间、班级之间，也经常进行挑战赛，争发

教学改革之路

言，争状态，争精神，事事处处时时充满竞争。

这是学校课堂上的常态：师生议论纷纷，其乐融融，展示着一幕幕师生间、学生间精神"相遇"的精彩画面。老师的点拨只有15分钟，学生问学生，学生教学生，学生考学生，此起彼伏的举手、发问和辩论，以及学生内心深处高速运转的思维，使得学生口动、行动，心更在动。这种课堂模式真正体现了学习的意义：发现、磨砺、升华自我，使其灿烂生光。因为这种精神的苏醒，生命的激荡，一间小小的教室无限延展，直抵人心宇宙，成为师生共同的精神家园。教师、学生的成长成就了学校的高速发展。

课改，其实是师生生命中开出的春花。山地一处花开，春意四面而来。如今，这朵小花，在师生的共同呵护下，已经蓓蕾初绽，含苞欲放。如今学校全体师生满怀自豪和喜悦，他们坚信：只要选准方向，向着阳光走，这朵春花就一定会根深叶茂，茁壮成长。

喜看红杏满枝头之十年教改

气氛热烈？争先恐后？是的，是我在和孩子们一起学习《紫藤萝瀑布》（人教版初中语文教材七年级上册）。

"我感觉'我不由得停住了脚步'这句话写得很好，第一，这句话有作悬念、引起读者阅读兴趣的作用，让我们急于想知道停下脚步的原因；第二，我们可以从后文得知作者此刻正心头焦虑、悲哀，脚步凌乱，或许此刻正是作者心情的写照；第三，与后文'我不觉加快了脚步'照应……"

"王霞，你真让我惊喜，一句话你竟分析得如此透彻，你对字句的领悟有了如此大的进步，完全不像半年前的你。那时，你拿过一篇文章，完全不知道从何处分析，老师讲什么就听什么、学什么，是一个没有自我、只知被动吸收的学生……"

"我在这篇文章中看到了图画美，例如'只见一片辉煌的淡紫色，像一条瀑布，从空中垂下，不见其发端，也不见其终极。只是深深浅浅的紫，仿佛在流动，在欢笑，在不停地生长。紫色的大条幅上，泛着点点银光，就像迸溅的水花。'颜色便上浅下深，好像那紫色沉淀下来了，沉淀在最嫩最小的花苞里。每一朵盛开的花就像是一个小小的张满了的帆，帆下带着尖底的舱。船舱鼓鼓的，又像一个忍俊不禁的笑容，就要绽开似的。'……"

"李儒，你知道了，学习语文其实就是寻美之旅，有语言美、图画美、意境美、音乐美、立意美……只要你拥有了寻找美的眼睛，你就会徜徉在语文之美中不想自拔……"

"王强，你又一次举起了你的手，这一次你发现了什么？"

"读了这篇文章，使我从悲伤中走了出来。三个月前，我的奶奶去世了，我一直不能自已，现在我明白了，'生命的长河是无止境的'，我们活着的人应该珍惜现在……"

掌声又一次响起……

"根据第二段，我仿写了一段话……"

"我想有感情地朗读一下文章最后几节……"

孩子们热烈地争先恐后地展示自己的发现，提出自己的疑问，思维不断碰撞出美丽的火花。

是的，一切都源于一个改变：课改让学生成为学习的主人。

十年前的困惑犹在眼前，老师费尽了力气讲，讲得"口吐白沫"，但学生依然对学习不感兴趣，阅读题理解不透彻，作文写得干干巴巴，甚至学了七八年语文了，还不知道语文到底学什么？困惑？思考！教改的春风吹过，忽然有种醍醐灌顶的感觉——学生才是学习的主人，我们在很多方面讲得太多，不敢放手，以至于他们学了知识，却不能变成能力。怎么办？放手！教给他们学习的方法。于是，我查资料，勤钻研，在教给他们知识的同时，也教给他们如何概括段意、如何总结中心、如何寻找文章的美、如何分析文章写法……然后运用得分、鼓掌、竞争等各种方法鼓励他们展示自己对文本的钻研成果。

"这篇文章让我想起一首歌，我想唱给大家听……"呵呵，语文课成了音乐课。孩子们，只要你喜欢，对你的学习有帮助，大胆地张开你想象的翅膀吧。

窗外的阳光射入教室里来，映得孩子们的脸红彤彤的。于是，兴趣所致，我仿写了一句诗：春风无语过山东，喜看红杏满枝头。

后来，我笑了。

"读经悟经用经"三部曲

促进青年教师迅速成长，打造精品课堂，一直是颜子学校教育教学工作的重中之重。为此，对儒家教育经典颇有心得的张校长和校委会一班人为青年教师精心打造了"读经悟经用经"的专业成长路线图。围绕路线图，学校采取了一系列读书观课晒课活动，促进了我校青年教师学习共同体的形成，使之成为加快青年教师专业成长的助推器，成为我校校本教研的一道亮丽风景线。

一、读经，我有一得

学校创设了不拘一格、形式多样的读书活动，使教师经常处于一种读书的激情之中。学校特别要求教师克服浮躁心理，静下心来，把《论语》等经典名著视为一眼温暖的诊治自己教学失误的"问病泉"，引导教师结合教学体验，写出读经一得。

二、悟经，我来观课

学校组织青年教师观摩经典课例，结合读经心得，撰写观课手记或随笔，反思自己的教学误区，采取恰当的策略，对照经典课例改进教学。

教学改革之路

三、用经，我来晒课

引导青年教师知行结合，学以致用，用心找到教育经典和课堂教学的契合点，反复磨课，参与晒课。晒课活动中，每位青年教师都发扬"创新"精神，散发出无限活力和创造力。他们勇于亮剑，像魔术师一样，尝试不同的方式方法去教学，让学生爱上学习。例如，我校青年教师姚老师设计的《一次函数概念》一课，成为晒课活动中的亮点。姚老师在授课时别具匠心，以"和我一起游三孔"为线索，引导学生生成、巩固一次函数概念。就这样，在教师巧妙引导下，学生焕发出积极的学习热情。整节课犹如行云流水，风生水起，让人眼前一亮。

自创自演红色舞蹈，落实立德树人教育

红色文化是一种重要资源，习近平总书记指出，要把红色资源利用好，把红色传统发扬好，把红色基因传承好。《新时代爱国主义教育实施纲要》也指出，要继承革命传统，弘扬革命精神，传承红色基因，结合新的时代特点赋予新的内涵，使之转化为激励人民群众进行伟大斗争的强大动力。习近平总书记的讲话给了我们很大启示。我校是一所农村老区普通学校，处于曲阜市防山镇东部山区，东邻泗水革命老区，和尼山镇近邻，和微山湖抗日英烈纪念园、铁道游击队纪念碑、蒙阴孟良崮、尼山区抗日英烈园等红色旅游经典景区相距不远。当地至今仍广泛流传着微山湖铁道游击队、孟良崮战役、沂南红嫂、尼山专区八路军三打曼山的故事，这些红色文化蕴含着强有力的革命精神、感人至深的革命事迹及艰苦奋斗的革命历史，极具感染力和震撼力。同时，红色文化是中华民族得以繁衍发展的精神寄托和智慧结晶，是区别于任何其他文明的唯一特征，是民族凝聚力和进取心的真正动因！这都有利于我校挖掘红色文化资源，开展有特色的立德树人综合实践活动。

基于以上地域优势，我校深入挖掘整理本土红色文化资源，在生动形象的红色舞蹈训练中开展了红色教育，强化了红色精神学习传承，让红色精神激发力量，让红色基因融入学生血脉，探索出立德树人教

教学改革之路

育和提升学校教育质量的结合点。

一、立足于地域红色文化资源，构建游学研三位一体立德树人模式

红色文化丰富和发展了中华民族精神，但是当今大众文化的盛行对红色文化造成了极大冲击，带给了学生不同程度的享乐主义、虚无主义、物质主义、感性至上、道德滑坡等"非美"现象。青少年群体具有朴实纯洁、正义感强、可塑性强、好学上进、敬慕英雄等特点，但在一定程度上缺乏自强不息、艰苦奋斗、勤劳勇敢、不畏艰险、不怕牺牲的革命精神，甚至有人"一切向钱看"，追求高消费，为追求眼前实惠而放弃远大理想、崇洋媚外、以自我为中心、缺少奉献精神，让人忧心。因此，对青少年进行深刻的红色教育，让红色教育进校园、进教材、进课堂、进头脑，使青少年自觉地、始终不渝地弘扬自强不息、艰苦奋斗的精神，坚定地与时代同步伐，与祖国共命运，与人民齐奋斗，积极投身于社会主义现代化建设的伟大实践中，显得尤为重要。

结合红色文化的特点，立足于我校地域红色文化优势，我们建立了校外红色文化实践活动基地，以小组为单位组建了红色舞蹈社团，探索了学校、老师、学生自主开发红色文化资源、编排红色舞蹈的途径和方法，构建了以学生发展为本的小组合作开发红色资源的行动模式，逐步试点推进，走出一条具有农村特色的"小组野外采风—自主编排剧本—协作创新红色舞蹈"的游学研之路。

尼山，2000多年前在此诞生了一位圣人，点亮了千百年来的中华文明之灯；80多年前，一位中国共产党人——罗荣桓元帅，在此指挥了三夺白彦镇、第一次反"扫荡"、桃花山战斗……今天，我们带领全校师生，遵循八路军在尼山专区的战斗历程，重走近百年来红色文化的伟大征程。

游——成立学校红色文化实践教育中心，先后组织师生参与红色文化实践活动，如"尼山革命老区三日行""尼山圣境传革命精神""抱

犊崮追远励志""走近防山社区新农村""圣水湖畔一日游"等。研学小组拜谒了鲁南革命纪念碑，瞻仰了尼山区抗日英烈园，拜访了三打曼山遗址，寻桃花山，继而登抱犊崮，追寻革命岁月，感受革命先烈的革命情怀，体味军民鱼水情，重温修建水库的改天换地精神……师生用心倾听讲解，感受中华儿女的家国情怀。

学——课程以项目整合的形式呈现，循自然而施，分学段、分时间、按专题系统推进，避免研学实践形式的表面化、碎片化和趋利化。以爱国主义为主线，构建忠诚爱国的民族情怀；以勤劳勇敢为基石，培育不畏艰险、不怕牺牲的英雄气概；以自强不息为动力，铸就刚健有为的进取精神；以全心全意为人民服务为宗旨，体现共产主义的核心观念。

研——回顾活动内容，抒写活动感受，撰写红色舞蹈小剧本。游学考察乐、寻史线路火、研学写文忙——游学"三重奏"，孩子们就这样度过了一段优雅忙碌的时光。革命先辈们的战斗足迹、传奇经历和人生故事都真实生动且极富感染力，配以实物、图片和讲解，更对青少年形成直接的冲击力和感染力，一个个形象鲜明的英雄人物用鲜血和生命谱写了中国共产党和人民群众为了民族独立和国家解放而英勇斗争的辉煌篇章。这不仅提高了学生的思想道德素质，培养了奋发向上的精神风貌、高尚的品格和爱国情感，还能使其更加明确自己肩负的历史责任，增强历史使命感、社会责任感、民族认同感和凝聚力。

我校组织学生走访了尼山老区，听到一个小民兵和八路军战士共同坚守阵地的故事，指导老师深入挖掘这一部抗战题材作品，师生共同创作了舞蹈作品《战地山花别样红》。这个小剧本使学生在参观的过程中，充分理解革命英烈为何能够把个人的人生目标同祖国和民族的前途紧密联系，自觉地向革命英烈学习，逐步树立起正确的世界观、人生观和价值观。

游学中，孩子们还采访到"三打曼山"的战斗故事。"三打曼山"是以少胜多的战役，其激烈程度可想而知。这个故事让孩子们重温了抗战峥嵘岁月，汲取了无穷的战斗力量，坚定了人生价值目标。后来，他们把英雄的故事编成了小剧本。

二、通过案例研究的方式，寻求舞蹈表演与红色文化的最佳组合

舞蹈创作源于我国传统文化，通过舞蹈创作来体现革命精神已成为一种特质。红色文化集我国传统文化、奉献精神及革命精神的同时，与时代发展特性有效结合。红色舞蹈发展与时代发展息息相关，在体现时代特色的同时继承了传统舞蹈的特点，基于不同时代下红色舞蹈代表作品各有不同，新中国成立之初的红色舞蹈代表作品有《乘风破浪解放海南》《进军舞》等；土地改革后的红色舞蹈代表作品有《红色娘子军》《五朵红云》等。随着时代的发展，红色舞蹈的审美要求逐渐发生了改变，对个性解放更加重视。

我校大多数孩子缺乏舞蹈基础，更谈不上舞蹈基本功。针对该现状，我们精选红色故事，把红色故事演绎为一个个舞蹈，让孩子们从基础开始，轻松快乐地接受红色文化教育。

首先，组建一支18人的校园舞蹈队伍。抓基础，强调基本功训练。通过舞蹈基本功训练，激发学生学习舞蹈的兴趣，培养良好的形体习惯。引导学生进一步体验音乐、感受音乐的美感，激发学生通过舞蹈表现音乐情感的欲望，培养学生良好的舞蹈习惯和舞蹈技巧，发展他们的想象力和创造力。

其次，制定一些舞蹈训练措施。通过教师的示范讲解，学生的讨论和练习，每个学生懂得简单的舞蹈知识和舞台表演规则，掌握基本功要领。培养学生发现身边艺术的能力，使自己的生活经验和艺术经验相互联系，并尝试用舞蹈的方式美化身边的生活。启发学生回想自己体验到的各种强烈情感，采用分组游戏的形式，将它们与自己体验到的同种情感联系起来，并用身体语言表现出来。鼓励学生参与社区或家乡的艺术活动，从中学习和感受公共场所的艺术魅力，提高自己的表演能力。

然后，在舞蹈创编过程中，创编人员需根据故事情节的发展来创

跟孔子学做教育

编动作，为作品赋予最适宜的表现形式。创编还要遵循捕捉灵感（创意）—选择或创作音乐—设置剧情—创编动作—雕琢修饰的过程。在舞蹈创编过程中，常用的道具有很多，如民间舞道具、劳动工具、生活用具，都与人们的生活息息相关。红色舞道具有草帽、镰刀、火线桥等，均具有浓厚的文化积淀，也是劳动人民和战士们常用的工具，将这些道具应用在舞蹈创编中，能激发创编者的创作灵感。由于一些舞蹈创编者缺少时间去挖掘生活情景，因此将更多注意力放到了舞蹈道具的运用中，通过舞蹈道具来寻找故事，并将其完美应用到舞蹈作品中。

最后，增加一些舞蹈表演技巧训练。我校聘请了六艺城专职教师对学生进行专业舞蹈训练与学习（基本功组合训练、基本功表演综合能力训练、专业综合表演剧目训练、红色舞蹈）。同时，学校语文、美术、音乐学科的教师对学生进行口才朗诵、说唱表演、创意绘画、品德教育等多元化课程培训。

三、以红色舞蹈社团活动为载体，采取有效的教学实践策略

对创作理念加以革新策略：为确保红色舞蹈创作效果的实现，首先应对舞蹈创作理念有效革新。

对动作原创重视策略：在当代红色舞蹈创作中，舞蹈编创者应对动作原创加以重视，并融合时代发展特点。一是对红色舞蹈创作独特艺术给予充分的尊重，创作出与舞蹈艺术相符的舞蹈动作。二是在舞蹈动作创作中充分发挥红色舞蹈风格的优势，使创作时代背景凸显出来。

遵循农村学生心理特征策略：在红色舞蹈创作中，应确保与学生心理特征吻合。当今学生，通过走访红色基地，耳濡目染，思维水平较高，对于舞蹈作品有着自己的见解，因此在红色舞蹈创作中应符合学生年龄特点，确保红色舞蹈朝着更好的方向发展。

尊重历史事实策略：将红色文化融入舞蹈创作中是时代发展的见

教学改革之路

证，所以在红色舞蹈创作中应遵循历史事实，确保红色文化的真实性。将红色文化与舞蹈结合，不仅可保持舞蹈的艺术特征，同时还能促进学生的身心健康成长。

四、构建红色舞蹈训练和展演评价机制和办法，激发小组成员最大潜力

教授舞蹈的基础知识和基本技能，重视培养学生对舞蹈的兴趣与爱好，培养学生健康的情趣和良好的品德情操，提高学生的艺术修养，达到立德树人的成效。

首先，重视过程性评价。把表演活动纳入教师量化考核、文明班级评比、学生综合素质评定等内容，建立"学校领导查—班主任督促—语音美教师抓"的有效管理体系和运行机制，坚持把表演活动作为常规工作的主要内容之一，进行规范化管理。如利用每周升旗仪式或早操结束后的时间进行诵读抽查，或让学生双休日把本周搜集的革命故事进行演讲。学校定期开展检查，督促班级活动正常有序开展；经常组织各类红色舞蹈展演活动，促进学生工作的开展；举行全校性的比赛活动，检验红色舞蹈活动成果。

其次，体现激励评价。建立"以激励为主"的评价机制，通过各种形式的奖励措施激发孩子表演红色舞蹈的热情。学校的评价原则是只鼓励、不批评。开展多种多样的活动，如"星星擂台"对抗赛、"每周之星"红色舞蹈表演赛等，通过发放等级证书、奖状或喜报等灵活多样的形式激励孩子。

最后，探索分层评价。一是分学段，根据不同年级学生的认知水平和接受能力，按不同的评价内容和目标推进红色舞蹈表演。二是分等级，分门别类制定不同的舞蹈表演目标，满足学生的个体差异和不同的学习需求，使各类学生都能取得长足进展。

五、形成家校合作模式，构建多方检验的独特教学体系

亲子共同展演活动。父母是孩子的第一任教师。我们通过家长会、有目的的家访、家校联系簿等多种手段与家长交流、沟通，让家长也参与到红色故事收集活动和红色舞蹈表演中。在亲子共同讲述、表演和交流中，增加孩子对革命年代的了解，培养敢于牺牲、勇于奉献的精神。

学校将课堂训练、家庭亲子作业、专家美育测评、交流展演等形式相结合，让学生和家长共同排练演出舞蹈，构建一种接受社会和家长检验的独特教学体系，充分体现红色舞蹈润物细无声的思想教育，让孩子们受到全方位的快乐教学，真正做到"教艺结合，寓教于乐"。

六、以情感的激发为纽带，充分发挥红色舞蹈的审美教育作用

以情感的激发为纽带，充分发挥红色舞蹈的审美教育作用，通过情操教育和心灵教育，提升孩子的审美素养，潜移默化地影响孩子的情感、趣味、气质、胸襟，温润孩子的心灵，从而达到立德树人的效果。

舞蹈是表现强烈情感的艺术，所以情感就是舞蹈的本质属性，也是舞蹈的生命。情动于中而形于外，长于抒情拙于叙事。那么，舞蹈如何表现情感呢？一位舞蹈大师曾说过：要描绘的感情越强烈就越难用语言来表达，作为人类感情顶峰的喊叫也显得不够，喊叫就被动作所取代。利用身体各个部位的动作，来表达人物细节中的情感，突出人物的思想变化，这正是在生活中提炼出的高于生活的艺术形态。精彩的动作表达舞蹈的主题，感情至深的情感突出人物的思想。以情促情，以情动情，用肢体语言来表达舞蹈作品的内涵，加上舞蹈演员根据自身对作品的理解进行二度创造，才能做到舞台艺术的完美呈现。

我校自编红色舞蹈《三打曼山》充分运用肢体语言，调动小演员

的情感，激情渲染革命者的热情和大无畏英雄精神，达到以情感人的目的。《三打曼山》以抗日战争为背景，叙述了八路军独立营三打曼山、消灭敌人、壮大抗日根据地的英雄故事，展现了八路军战士为了革命胜利，为了新中国不惜牺牲生命、英勇无畏的英雄形象。他们是抗日战争火炉中锤炼的热血战士，积极地投入到对敌斗争中，热情洋溢，气宇轩昂，坚定自信，英勇奋战。每一位战士的脸上都充满坚毅的目光，心中充满报效祖国的豪情壮志。一位小战士高举红旗，冒着枪林弹雨奋勇冲上山，把红旗插在曼山主峰，然后悲壮地倒在营长的怀抱。营长刚毅果敢，指挥若定，他那大义凛然、视死如归的形象给人极大的鼓舞。一群美丽的小姑娘佩戴红领巾，缅怀革命前辈抛头颅洒热血的战斗故事，在那翠绿的柏树之间，献上美丽的鲜花，寄托我们的哀思。一朵朵映山红从烈士牺牲的地方慢慢生长出来，烘托舞台气氛，使主题突出。整个舞剧用情绪带动观众，使舞台成为情感共鸣的平台。

在培育学生思想道德的过程中，我们发现红色文化具有先天的红色基因和优势条件，是引导学生坚定理想信念、打造精神支柱的天然载体和重要平台，是培育学生思想道德的最好的切入点与突破口。小演员经过多次采风，深入理解了三打曼山的故事，深深地被战士们的英雄精神所感动。在舞台表演中，他们充满自信，真情实感地再现人物形象，把每一个动作表达的思想感情传达给观众，让观众加以联想，产生思想上的沟通，达到情感共鸣。同时，他们的情绪调动得恰到好处，把艺术升华成舞蹈语言，让观众既能欣赏到舞蹈美，又在美的渲染中得到精神的洗礼。

舞蹈中情感的调动，是完成作品的灵魂，也是孩子们自我教育、提升自己思想感情素养的过程。扮演那个小战士的小演员在生活中是一个比较调皮、贪玩的孩子，迟到旷课是家常便饭，和父母拌嘴、顶撞老师是他的拿手好戏。接到扮演小战士的任务后，他慢慢地走近了小战士的内心，似乎和小战士同呼吸共命运了。小战士胸怀大志、不怕牺牲的精神感染了他，小战士的灵魂在他心中好似复活了。扮演黄营长的小演员动情地说："自己是一个蜜罐里长大的孩子，成长非常顺利，学习成绩虽然很好，可是总感觉缺点什么。扮演了黄营长后，被黄营长的民族大义、无私无畏所感动，猛然发现自己缺的就是黄营长坚定的理想信念。要不是扮演黄营长，我真有可能成为一个精致的利己主义者。"

可以说，自编自演红色舞蹈给孩子最大的改变，就是坚定了孩子们的人生信念，促使他们树立了正确的审美观念，陶冶了高尚的道德情操，增强了深厚的民族情感，激发了想象力和创新意识。古希腊思想家苏格拉底说：世界上最快乐的事，莫过于为理想而奋斗。理想是人们获得辉煌成就的强大动力。而坚定的信念则是人们精神大厦的支柱，"人生如屋，信念如柱，柱折屋塌，柱坚屋固"。理想信念是中国革命精神的核心问题和中国革命动力的精神源泉，是红色教育的重要内容和红色文化的宝贵财富。有什么样的理想信念，决定了一个人在观察和认识事物时所拥有的世界观、人生观和价值观。

2020年6月，我校许老师辅导的舞蹈作品《沂蒙那座桥》在曲阜市第五届中小学生艺术节中荣获一等奖，并于2020年11月参加了济宁市第七届学校艺术节活动，荣获二等奖。这部作品讲述的是在孟良崮战役中，沂蒙山区的妇女主动挑起了拥军重担，送弹药救伤员，用柔弱的身躯在冰冷的河水中架起了一座火线桥。学生们惟妙惟肖的表演和扎实的功底赢得了在场观众的阵阵掌声，也得到了评委们的一致好评。舞蹈作品《战地山花别样红》，学生们的基本功同样扎实，富有张力的动作、细腻的情感湿润了观众们的眼眶。2021年1月，这部作品在济宁市第六届学校艺术节展演活动中荣获一等奖，并参演了山东省第六届中小学艺术节展演活动。在曲阜电视台组织的"谁不说俺家乡好"文艺汇演中，舞蹈作品《沂蒙那座桥》荣获"最佳表现奖"，舞蹈作品《战地山花别样红》先后参与了网络媒体联合记者行（曲阜站）活动、济宁曲阜妇联组织的红色舞蹈展演活动，在各种活动中受到了各级领导的赞誉。老师们把学校的舞蹈社团办得有声有色，为农村留守儿童找到了自信和快乐，带他们走上一个个舞台，圆了孩子们的艺术梦。

教学改革之路

红色文化蕴含着厚重的历史文化和丰富的革命精神，挖掘本土红色文化资源，广泛开展红色教育，让红色基因融入学生血脉，让红色精神激发力量，使舞蹈教学形式更加丰富，在生动形象的红色舞蹈训练中强化学习传承。通过红色舞蹈整合一系列的教学实践活动，学生在学习中感悟到红色舞蹈的内涵美，激发了学习兴趣和热情。在学校举行的各项活动中，孩子们踊跃参加，通过不同形式的表达，抒发着自己对红色革命故事和舞蹈的感悟与热爱，同时在活动中不断锻炼自己，提升自己，耳濡目染着红色文化的韵味，陶冶着高尚的情操，逐步走向全面发展。其初步教学成果，受到各级领导、老师和家长们的一致好评。我们将红色故事与舞蹈训练紧密结合起来，将红色文化精髓内化为青少年的精神素质，让师生厚积薄发，为他们的一生打下"精神的底子"，践行"五育并举，德育为首"的育人目标。当我们的孩子做到了崇尚英雄、乐于奉献、勇于牺牲，当我们的孩子懂得了志存高远、自尊自强、昂扬向上，他们一定会在心里感谢红色故事，感谢红色舞蹈。